胡哲敷 著

曾國藩治學方法

泰山出版社 ·济南·

图书在版编目（CIP）数据

曾国藩治学方法 / 胡哲敷著 . — 济南：泰山出版社，2021.10

ISBN 978-7-5519-0679-1

Ⅰ.①曾… Ⅱ.①胡… Ⅲ.①曾国藩（1811-1872）—治学方法 Ⅳ.①G795

中国版本图书馆 CIP 数据核字（2021）第 211534 号

ZENG GUOFAN ZHIXUE FANGFA

曾国藩治学方法

著　　者　胡哲敷
责任编辑　王艳艳
特约编辑　史俊南
装帧设计　观止堂＿未　氓

出版发行　泰山出版社
　　社　　址　济南市泺源大街 2 号　邮编　250014
　　电　话　综 合 部（0531）82023579　82022566
　　　　　　市场营销部（0531）82025510　82020455
　　网　　址　www.tscbs.com
　　电子信箱　tscbs@sohu.com
印　　刷　天津画中画印刷有限公司
成品尺寸　155 毫米 ×230 毫米　16 开
印　　张　15.25
字　　数　170 千字
版　　次　2022 年 2 月第 1 版
印　　次　2022 年 2 月第 1 次印刷
标准书号　ISBN 978-7-5519-0679-1
定　　价　48.00 元

凡　例

一、将原书繁体竖排改为简体横排，并参照不同版本，订正书中明显的错讹。

二、原则上保留原著作中出现的外国人名、地名等的旧式译法，订正个别极易引起歧义的译法。

三、不改变原书体例，酌情删改个别表述不规范的篇章或文字。

四、原书中文字尽量尊重原著，通假字及当时习惯用法（如"他""她"不分，"的""地""得"不分）而与现在用法不同者，一般不做改动。人名、字号、地名、书名等专有名词，酌情保留繁体和异体字形。

五、参照现行出版规范，对原书中标点符号进行适当修改，新中国成立后的日期等情况统一采用公元纪年法表示。

目 录
contents

序

　　胡哲敷君著《先文正公治学方法》，于公之学术、行谊摘其精要，纲举目张，又随举事效以资证验，诚有用之书也。我国自古教义以适用于群众生活，使得治平安乐为原则。其方法则就人类心理普通弱点，立施治之方，不重文字之法律，而重各个人良心之对己制裁。其训育则有扼要一语曰"毋自欺"，《大学》特标而出之，以为修齐治平之法。故法律因时代之迁移而失效，惟良心之自制，则虽世界万变，而常能适用也。予于先人之学术愧未能有所传习，惟追溯所闻，公之训诲，证以公之行事，知公之学问，得力惟在"毋自欺"一语而已。有政治、教育之责者，于此点注意焉，则知中国学术之应用初不限于时代，然则此书不仅为学者道问学之门径，抑足资为政者之借镜也已。

民国二十三年十一月

聂曾纪芬 [1] 敬识，时年八十三

---

[1] 聂曾纪芬（1852—1942），曾国藩的女儿，号崇德老人，幼承家学，工书，善诗文。后嫁入衡山名门聂家，其夫聂缉椝（1855—1911）以帮办滇捐局起家，至上海制造局总办，官迁至浙江巡抚。

自　序

　　风习窳陋，国势陵夷，至今日而极矣。民生憔悴，饥殍塞途，亦至今日而极矣。强者流于萑苻，黠者竞于阉媚；天下滔滔，以获利相尚，以附势相矜，钻营欺诈者为智为能，乐业安贫者为庸为妄，忧世之士，怒焉伤之，惶惶然奔走呼号，谋拯斯民而济斯难。于是有谓吾民笃于保守，无以跻世界文明之域者，则欲舍弃吾国固有文化，而尽取他人之长，以济吾短。虽亦未尝不持之有故，言之成理；然而力竭声嘶，亦未足以挽颓风而移末习。继之者乃曰：复兴民族，首在阐扬旧有文明。凡前人之尘垢秕糠，莫不拾为救国大道，救国之声盈于耳，而国终不救，夫岂救国之术犹未备欤？其亦倡导者未得其宜耳！取其糟粕而遗其精华，高谈理论而不切于实际，或舍其本而趋于其末，或硁硁于一枝一节而遗其大体；甚者斤斤于一二名词之争论，而未尝实事求是身体力行，则术虽至善，亦无补于丝毫。传曰："礼仪三百，威仪三千，待其人而后行。"其是谓乎！

　　今之社会，无中心标准之社会也，上至国家礼法政令，下至乡曲小民之一行一动，莫不人自为之；此犹大自然之民也，安能立于今之世乎？往者吾人犹侈言中国之大，何至灭亡？今者日蹙百里，已在亡国道上趋其行程。于斯时也，而犹酣然以嬉，涣然以处，空唱一二名词，为装点门面之具，而无坚苦卓绝之真精神以继之，则台湾、朝鲜之续，在目前耳！是故今日之务，在力挽颓风而转移习俗。虽曰兹事体大，非一二人之力之所能胜，然而风气之成，则又往往经一二人之倡导，而全国靡然相从，卒收化民成俗之效者，亦比比然也，清之曾国藩氏，殆其人欤！曾氏值咸同之际，社会颓唐，百端倾欹，殆无亚于今日，赖其力行倡导，而风气为之转圜；虽尔时外患未炽，元气未凋，国力尚未衰如今日，要非以彼坚苦卓绝之志，修己治人之方，则当时情势，未可知也。故曾氏之事业是非姑勿论，其坚卓诚信，苦心孤诣，爱民恤才之伟大胸怀，则忧乎尚矣。是则本书之所由作也。

夫曾氏以书生而当天下大难，肩天下大任，纳一世于轨物，而始终勿懈，无稍变异其书生面目者，今之世有几人耶？曾氏之自励也，曰勤与俭。谓勤可以生明，俭可以养廉。其待人也，视人之善，若己有之，惟恐其不彰也；急公家之难，若己之忧，惟恐其不去也。于时人才辈出，各献所能，彼则培养提携，无所不至。尝谓转移习俗而陶铸一世之人，非特处高明之地者然也，凡一命以上，皆与有责焉。其胸怀器量，为何如乎？是故转移习俗，匹夫匹妇，与有责焉，而况肩政教之责者乎？人人以转移习俗自任，人人怀坚苦卓绝之心，朴质谙练，洗净浮华，凡望之于人者，皆先行之于己，则民之从之，犹水就下，必有不期然而然者矣。假令夫子教我以正，夫子未出于正，则出乎尔者，反乎尔者也，夫民今而后得反之也。孔子曰：其身正不令而行，其身不正虽令不从。然则今世之士，往往倡导不遗余力，而收获甚少者，盖亦有由矣。

　　曾氏之学问文章，载明其全书之中，既风行于世矣；吾乃不厌骈枝而为此者，欲使学者以短少时间，得知曾氏为学精神之梗概。且知成大事者，莫不由于铢积寸累，坚苦力行。苟因此而能稍有补于今之士气，则本书望外之获矣。

曾国藩传略

　　曾国藩字伯涵，号涤生，湖南湘乡人，生于清嘉庆十六年十一月十六日——公历一八一一年。他的祖籍原在湖南衡阳，清朝初年，有名孟学者，始由衡阳迁居湘乡，遂为湘乡人。孟学四传至玉屏字星冈，便是国藩的祖父。星冈为人，笃实勤谨，凡事皆具有规模，曾氏家道之基，完全创立于星冈公之手。星冈生竹亭、鼎尊、骥云，鼎尊早卒，竹亭生五子，长即国藩，次国潢字澄侯，次国华字温甫，次国荃字沅甫，次国葆字季洪。国藩秉性朴质笃厚，不尚虚华，少时器宇卓荦，状貌端重，五岁读书，九岁读毕"五经"，可以执笔为文，因此他最得星冈公的抚爱，而他脑筋中，留得祖父的印象亦最深。所以后来他立身为人，一举一动，都隐隐是承袭祖父的规模。

　　道光十四年，国藩乡试得举人，诗文之名颇著于乡里；不过此时所谓诗文，仅时文试帖诗之类，不足语于学问。次年他到京师会试落第，因即留在北京读书，自是之后，才算切实地做真实学问，穷研经史，留心经世之学。在京住了十几年，一方面京师人文荟萃之区，相与往还者很多有学问的人，便于磋磨研习；另一方面也可以说是与他一个结识天下贤士储才待用的机会。同时他又从善化唐鉴讲求为学之方，唐为程朱派的学者，曾氏义理学的基础，便建筑于此时。计此十余年中，他自己立身为人之道，辞章义理之学，都很有些根基；而又广结许多师友，后来事业上的助手，大半都是在此时认识清楚的。他在京师，一面专心研读，一面又参与过几次会试，后来清廷给他做礼部侍郎，其地位略等于今之次长，原是一个清闲的地位，仍得以大部分工夫，在学问上讲求。咸丰二年，国藩母亲死了，乃由京请假回籍治丧，在籍不多时，而太平军起，国藩奉清廷命，在湖南帮同办理本省团练，搜查土匪，保卫地方。

先是清廷自鸦片战败之后，种种腐败，完全暴露，割地赔款通商，颇激起人民的公愤。而广东一带，又值连年荒旱，上下官吏类皆庸暗无识、怙权揽势，以残酷搜刮、粉饰太平为能事；人民水深火热，无以为生，洪秀全等乃于道光三十年，起义于广西桂平县之金田村，称太平天国。以民族革命相号召，采分田授产制度，标榜天主教义，人民风起云涌，争相附从。是时广西巡抚郑祖琛，老朽昏庸，因循畏事，太平军初起时，祖琛一味掩饰，及声势渐大，始张皇入奏，而事已无可奈何。提督向荣，都统乌兰泰、赛尚阿等，见匪盗四起，太平军尤所至无敌，颇有应接不暇手忙脚乱的气象，而向荣、乌兰泰又常闹意见，坐令数十营大军，处处搁浅，予太平军以从容布置的机会。然太平军亦不能联合两广的匪盗而成一大势力，不得已乃于咸丰二年二月，率其老弱男女不及一万人，由广西转入湖南。是时湖南官兵久疲，太平军长驱北上，而湘水正涨，顺流而下，指日可抵长沙。清廷大惧，江忠源、罗泽南、王珍等，以地方团练，与总兵和春，在长沙与太平军相持，向荣亦自桂林追至，激战三月，长沙未破；太平军乃夜造浮桥，渡湘而西，破益阳，渡洞庭，大破岳州。岳州城内贮有吴三桂所遗军械炮位甚多，悉为太平军所获。搜掳仓库，估舟五千余艘，蔽江而东，所过城镇，望风披靡。至咸丰三年二月，不过一年之间，太平军竟占了道州、桂阳、郴州、醴陵、岳州、武汉，再沿长江，顺流东下，陷取九江、安庆、芜湖、太平，而定都于南京。

我们翻开地图看看，太平军所过之地，——自广西至南京——途中遭挫折而未能夺得者，惟长沙一处而已。长沙之所以如此坚强，完全得力于地方团练。太平事起，曾国藩正在家守母丧，罗泽南、王珍等，力请曾氏出来主持地方团练。会清廷亦降旨命国藩在乡就近帮办湘省团练，国藩辞以母忧不肯出，且言书生不知兵，其友郭嵩焘曰："公本有澄清天下之志，今不乘时而出，拘守古礼何益于君父？且墨绖从戎，古之制也。"其弟国荃亦力劝之，国藩乃投袂而起，治军力主严明，常以岳武穆"不爱钱，不怕死"一语自励；但是此时兵政废弛，土寇蜂起，敌众未至，一夕数惊，地方官每畏葸养痈，国藩则先整顿军中纪律，十旬之中，戮二百余人，一时谤讟四起，至送他一个绰号叫作"曾剃头",意思就是说他好杀人罢了。国藩置之不理,勤加训练,湘团遂称劲旅,湖南境内渐次肃清。又奉命募为官勇,出境剿敌,他便仿明戚继光成法,束伍练技,编为湘勇,令罗泽南、王珍、塔齐布、邹寿璋、周凤山、储玫躬及其弟国葆等分将之,是为湘军陆师编制之始。翌年——咸丰三年,又用江忠源及编修郭嵩焘等所建水攻之策,购造兵船,编成水师,以成名标、诸殿元、杨岳斌、彭玉麟、邹汉章、龙献琛、褚汝航、夏銮、胡嘉垣、胡作霖等分统之,是为湘军水师编制之始。声势渐渐浩大了。

太平军所过之地,只是奸掳焚杀,并没有政治上的设施;虽然从广西一口气跑到南京,裹胁民众百余万,但是他们所破的城镇,往往不多时间,仍为官军收复。迨定都南京之后,始分两路作大规模的出征。一路是由扬州出皖北,经临淮凤阳而入河南,攻山西,以袭京畿;由丞相林凤祥、吉文元,主将李开芳等领之。又一路是沿江而上,经安徽之太平、芜湖、安庆,攻江西以争长江上游;由豫王胡以晃,丞相赖汉英、石祥贞等领之。是时清廷主要军队,则有钦差大臣琦善所统直隶、河南、陕西、黑龙江马步各兵,由河南信阳驰抵扬州,号为江北大营。向荣追太平军至江宁,屯孝陵卫,号为江南大营。外面看来,清军是很壮盛了,实则内容都是些京旗绿营之兵,老弱骄惰,久已无用,一遇劲敌,直如摧枯拉朽,风卷残云。虽江南大营得张国梁等之助,得维持七八年之久,然太平军得在南京支持十四年,亦未尝不是向军老弱无能的表现。是故太平军虽受清军两路夹击，而其兵锋之锐，迄不为之少减。林凤祥等北路之军，既以半年之间，横行江苏、安徽、河南、山西四省之地，转战四千五百余里；而胡以晃等南路之军，亦以咸丰三年，先攻安徽桐城，破集贤关，再陷安庆，攻九江湖口，进围南昌。江忠源等屡战未下，飞书国藩告急，国藩遣郭嵩焘等，率湘勇千二百人、楚勇二千人、营兵六百人至，罗泽南亦率子弟乡人自成一军以偕，南昌之围始解。太平军见军势不利，乃回军沿长江而上，次年春，太平军水陆兼进，直破黄州，清将吴文镕战败自杀，武汉等处，望风瓦解；国藩自率水陆师由长沙北进应援。是时太平军气最盛，而国藩水师初出洞庭湖，遇大风，连坏数十艘，陆师至岳州，一战又不利，回走长沙。太平军乘胜溯湘而上，列舟靖港，复以一军出间道袭陷湘潭，踞长沙上游，国藩自督战船四十号，陆勇八百名，击太平军于靖港市。时西南风大作，水流迅急，不能停泊，为太平军所乘，水勇溃散，战船或被焚，或被虏，几乎全军覆没。国藩自愤成师以来，一出即失利于岳州，又惨败于靖港，痛恨之余，乃投水自杀，为幕客章寿龄援出。而国藩终以事不可为，遂草遗疏，秘密地把自己后事都办妥了，正准备自杀，却好塔齐布等大败太平军于湘潭，国藩闻之大喜，乃益遣水师往助。八月之间，水陆十战十胜，遂复湘潭。由是乘胜分兵三路，以提督塔齐布、道员褚汝航、知府罗泽南为中路，趋岳州。贵东道胡林翼为西路，趋常德。江忠源之弟知府江忠淑、直牧林源为东路，趋崇阳、通

城。太平军乃弃常德，走岳州，复走湖北，湖南境内肃清。国藩
又与湖南巡抚骆秉章、湖广总督杨霈、荆州将军官文等所遣各路
兵，略定湖北。清廷闻之，命曾国藩署湖北巡抚，国藩以母丧未
除辞，乃以兵部侍郎衔领兵攻战。时北路太平军，亦渐次为僧格
林沁、胜保等所破，林凤祥、李开芳皆被擒不屈而死，清军始渐
有起色。

两湖粗定，国藩为直捣金陵之计，进图江西，围攻九江。惟
其时蕲州以下，西自九江东至饶州、广信所在皆有太平军足迹，
而德化、小池口、湖口诸滨江要隘，为入皖门户，尤太平军之精
锐所聚，石达开在安庆，遥为声援，皖赣形势，异常巩固。国藩
遣萧捷三率水师越湖口，入鄱阳湖攻姑塘，湖口太平军则造浮桥
连接两岸以封锁湘军。湘军水师半在江，半在湖，有外江内湖之
别，石达开自将御国藩军，掷火烧外江战船数百艘，夺国藩坐
船。国藩水师大溃，驰罗泽南军以免，愤欲自刎，泽南止之。石
达开又以清军上游空虚可乘，因命秦日纲等进攻湖北，于是武
昌已定而复陷。疆吏又畏葸莫敢撄其锋，太平军复攻江西。咸
丰五六年间，江西七府一州五十余县，几全为太平军所有。当九
江、武昌战事最激烈时，名将塔齐布、罗泽南皆先后阵亡，亦可
见此时两军肉搏的情形了。

泽南既死，胡林翼分四千人令国藩弟国华统之，往救九江。
既而国藩之父竹亭于咸丰七年二月死于里第，国藩、国华自瑞州
奔丧，国荃自吉安奔丧。时国藩所经营者以水师为一大端，有战

船五百余号，炮二千余尊，他请假回籍之后，就把这件事保荐杨岳斌与彭玉麟两人担任，其他饷糈及陆军诸事，则由官文、胡林翼主之。此时正江西军事吃紧的时期，故清廷只准他三个月假，他却要坚请在家终制。后来因为事势的逼迫，国华、国荃于是年秋先销假回任；次年夏四月，国华与李续宾等收复九江；秋八月，国荃收复吉安；石达开窜浙闽边界，而湖北、江西之太平军乃渐渐荡平。

咸丰八年秋，国藩膺清廷之命，复出料理军务，由武昌历九江、湖口，以达南昌。先是官文、胡林翼会筹东征之策，陆师渡江先皖而后及江南，水师先安庆而后及南京。以图皖之事，属之李续宾，疏请加巡抚衔，专折奏事。时太平英王陈玉成主皖事，既陷庐州，乃于距庐州九十里之三河，屯粮械，筑大城，环以九垒，防守甚严。续宾既下桐城，遂进攻三河，大战破之，九垒皆下，而所部伤亡亦众。玉成暨侍王李世贤，纠合捻匪首领张乐行自庐州至，抄续宾后路，四面围裹，愈集愈厚，续宾知事不可为，夜乘跃马，入太平军而死。曾国华及诸弁员死者六千人，湘军精锐歼灭殆尽，国藩闻之大惧，深恐湘军从此不能复振。会是时江南大营为李秀成所袭，提督和春、张国梁皆战殁。和春督师江南，张国梁帮办江南军务，东南半壁，倚如长城。国梁谋勇兼优，数年以来，规划江宁，自谓克复在指顾间，乃兵饷大权，为和春所掣肘，以致援绝力竭，皆捐躯以死。江南大军三百营，悉为太平军夷为平地，清廷闻之大为震动。

　　道光以来，满人的腐败无能，已大白于天下，至咸丰时，始有文庆、肃顺等人，稍稍觉悟。文庆为满洲大学士，在内阁常密请破除满汉藩篱，不拘用人资格；欲办天下大事，当以用汉人为重，彼皆来自田间，知民疾苦，熟谙情伪，岂若吾侪未出国门一步，懵然于大计者乎？肃顺在当时，骄恣暴戾，人莫不切齿骂之，然而主用汉人，倒是他最努力。他常说：满族中无一人可用者，国家遇有大疑难事，非倚重汉人不可。是时曾国藩、胡林翼等之握兵柄，肃顺尤力主之。每与人言曾国藩之识量、胡林翼之才略，皆彼素所心折；故虽祁寯藻、翁心存两大学士之觭觝龃龉，寯藻至谓国藩以匹夫居乡里，一呼而从者万余人，恐非国家之福，而主志终不为之摇夺，肃顺盖与有功焉。然而话虽如此，清廷究不欲以优越地位畀予"匹夫"。国藩治军七八年来，转战于两湖、江、皖等省，皆以兵部侍郎资格，与地方大吏有主客之势；虽每次打了胜仗，清廷总以"曾国藩调度有方，著交部从优议叙"几句刻板文章，予以安慰，从未以实权相予。自江南大营为太平军所夷，两江总督何桂清遁走，江苏巡抚徐有壬、浙江巡抚罗遵殿俱死于难，眼见东南大局，土崩瓦解，始于十六年六月诏授曾国藩为两江总督，并命为钦差大臣，督办江南军务，于是事权归一。国藩乃保荐左宗棠专任浙事，李鸿章专任苏事，曾国荃围攻安庆，而胡林翼抚湖北，沈葆桢抚江西，晏端书谋饷粤东，皆联络一气，而饷有所出，呼应皆灵，如身之使臂，臂之使指，莫不皆从。

国藩既膺两江总督之命，乃以围攻安庆之师授与国荃，自率军进驻安徽南部之祁门，以固吴会人心，兼壮徽宁声势。十年十月，太平侍王李世贤悉众围祁门，分三路进攻：一出祁门东，陷婺源；一出祁门西，陷景德镇；一出祁门北逾羊栈岭，直趋国藩大营。祁门危险万分，文报饷路，几于不通，有人劝国藩退师，国藩不听，悬剑帐外以自矢曰："去此一步无死所！"坚忍数旬，至十一年正月左宗棠击乐平，六战皆捷，乃通赣皖运输之道，而国荃亦大破陈玉成于安庆，遗书国藩谓"株守偏陬无益，宜出大江规全局"。国藩战略，乃为之一变。

国荃既克安庆，乃回湘增募新军，转回安庆。其弟国葆亦从兄转战，所向有功。国藩乃以规取金陵事付之国荃、国葆，又因苏常迭陷，乃疏荐道员李鸿章才大心细，堪膺疆寄，令仿湘军营制，自练淮军，并选名将程学启、郭松林以助之，命规复苏州，自己则由祁门移驻安庆，指挥众军。计国藩此时所指挥者，除国荃、鸿章之师外，左宗棠规取全浙之师，江北多隆阿围庐之师，李续宜援颍之师，江南鲍超进攻宁国之师，张运兰防剿徽州之师，杨岳斌、彭玉麟肃清下游之师，与袁甲三、李世忠淮上之师，都兴阿扬州之师，冯子材镇江之师，均奉命受国藩节制，军政统一，战事乃日有起色。

同治三年六月，曾国荃破金陵，戮洪秀全尸，章王林绍璋、顾王吴汝孝皆自杀，妃嫔投河死者无算，将弁三千余人皆战死，军民十余万人争蹈河死，尸填溢如桥，城郭宫室，连烧三日不绝。是时李鸿章亦于二三年间，先后收复太仓、昆山、吴江、江阴、苏州、常州等地，清廷闻之大悦，命廷臣议封赏。初咸丰死时，遗命能克复江宁者，当封以王爵。至是廷议以国藩文臣，且非满人，一旦封王，为旧制所无，因诏封曾国藩一等侯爵，曾国荃、官文、李鸿章俱一等伯爵，其余封赏有差。当江宁克复之际，国藩曾东下视师，惟不久又回皖垣；是年九月初一，乃率其全眷至江宁，改英王府（后由李鸿章改为安徽会馆，今尚存在）为两江督署。

时太平诸领袖虽相继而亡，其余党则散布于江北、安徽、河南、山东一带，而为捻乱。僧格林沁战殁于曹州，其势甚炽。四年四月，国藩奉命赴山东一带督兵剿办，山东、河南、直隶三省旗绿各营，及地方文武员弁，均归节制调遣。国藩乃会同淮军各将领，设安徽临淮、江苏徐州、山东济宁、河南周家口四大镇兵，互相遥应，呼吸相通；以有定之兵，制无定之寇，匪势渐渐清弭，而后起之淮军，又颇得人，国藩很有退休的意思了，乃自陈病状，请以散员留营自效。清廷命国藩仍回两江总督本任，而以李鸿章代办剿捻事宜。

国藩回任后，乃极力讲求吏治，以苏民困，又值是时正英法联军之役之后，外事日多，知笃守故常，不足以图自强而御外侮，举凡劝农、课桑、修文、清讼、戢暴、去贪，以及整顿盐务，开垦荒地，铸造军械，仿制轮船，派遣出洋子弟，莫不手定章程，规模具备。七年四月，诏补武英殿大学士，七月调直

隶总督，而以马新贻总督两江。他在直隶任上，仍旧继续地讲求
吏治，劝学课农。是时清廷很感觉旧有军队，罢软凡庸，不足以
戡乱，因令国藩在直隶以练湘军之法，选练六军，意为捍御畿辅
之用，且为刷新全国军政之基。国藩乃条陈许多治军之法，清廷
均一一允从。其后以直隶练军有效，他省仿而行之，营务为之一
振，自国藩始。同时天津一带，常闹教案，而以同治九年之天津
教案为最烈。先是天津有匪徒迷拐人口，为知府张光藻、知县刘
杰所获，供称受迷药于教民。民间遂喧传天主教堂遣人迷拐幼
孩，挖目剖心为药料，又以义冢内尸骸暴露，俱视为教堂所弃。
同治九年五月，遂聚众焚烧教堂，及拆毁法人所建仁慈堂，殴死
法领事丰大业，杀伤教民男女数十人，又误杀俄国商人三名，误
毁英美两国教堂各一所，群情汹汹，天津大扰。而曾国藩斯时正
在病假中，清廷命亟往天津查办，国藩到津，立意与通商大臣崇
厚分谤，不奖士民义愤，盖以粤捻初平，不宜与邻邦构衅，又虑
四国合纵，变生不测，于是力主和平。而法使罗淑亚肆意要挟，
必令府县官及陈国瑞三人议抵，崇厚欲许之，国藩力持不可；而
津民不知，大怨国藩，清廷诸人亦群起掊击。崇厚惧事决裂，奏
言国藩病重，请罢免，清廷乃以李鸿章代之，实则国藩所办，已
有眉目。是年秋九月，仍由国藩与法使议结。定滋事人犯正法者
十五人，军流者二十一人，天津知府张光藻、知县刘杰皆遣戍，
陈国瑞讯与津案无涉，着免议。案既结，又特派崇厚前往法国道
歉，事乃了结。了结之后，国藩颇以外惭清议，内疚神明自责，

引为一生憾事。当这件事初发生的时候，他本预备以身殉事，由保定将赴天津曾与其二子信云："余即日前赴天津查办殴毙洋人焚毁教堂一案，外国性情凶悍，津民习气浮嚣，俱难和协，将来构怨兴兵，恐致激成大变，余此行反复筹思，殊无良策。余自咸丰三年募勇以来，即自誓效命疆场，今老年病驱，危难之际，断不肯吝于一死，以自负其初心。"其后能于原案之外，无他损失，总算是已经出他意料之外了。

同治九年七月，两江总督马新贻为张汶祥刺死，清廷诏以国藩调补两江总督。此时国藩已经六十岁了，右目已经失明，又常患眩晕，因历陈病状，请另简贤能，开缺调理。清廷则谓"两江事务殷繁，职任綦重，曾国藩老成宿望，前在江南多年，情形熟悉，措置咸宜；现虽目疾未痊，但得该督坐镇其间，诸事自可就理，所请另简贤能之处，着无庸议"。是年岁底，国藩抵金陵赴两江总督任。十一年二月初四日——公历一八七二年，国藩卒于两江总督任所。现在有《曾文正公全集》行于世。

第一编　总　论

第一章 学的意义与范围

中国从前学者，常会发生一种错误，以为做学问就是隔绝尘世，关起门来读书。因此书本之外无学问，书本之外无世界。前辈先生往往读书数十年，而不解世事者，甚或出大门而不知东南西北者，都还是书斋里的本色。就是宋人在那里喊"学者学为人也"的口号，似乎是与世间相接近了，但是他们日日在那里寻孔颜乐处，仍旧未免语句上的摸索，结果不过多刻几本《语录》，多教出几个同样没用的生徒，实际与古人为学意义，相去尚远。按《说文》："教（篆文省作学），觉悟也。从教，从门，门尚曚也，臼声。"《段注》门下曰覆也。尚童蒙，故教而觉之。吾谓凡所不知不能者，皆谓之蒙，经他人之教，然后豁然知之能之，便谓之觉。故"学"字有提示仿效之义，先生拿过去的文化积累，和他自己的造诣成绩，提示学生，学生则凭其良知良能，以仿效，以觉悟，以知类通达，以化民成俗。《学记》曰："化民成俗，其必由学乎？"又曰："古之王者建国君民，教学为先。"学所以如此重要，就是要借过去的文化，启发后人的蒙昧。固然也未尝不有聪明特达智虑过人的人，似乎是可以不学而能。然而一人智力，成效总是很少，而所谓化民成俗者，是要使人民于不自觉间，变化其心性，改易其习俗，而趋于一轨，所谓纳民于轨物，这是何等伟大的事业！岂一人智力之所能胜？故一方面要孜孜不倦地去学，一方面还要急急地教百姓去学，然后化民成俗的大业，才有希望。在这种学的空气中，自然不是终日的自己抱着书本教，百姓也终日的抱着书本子去读死书。舜使契为司徒，教以人伦。父子有亲，君臣有义，夫妇有别，长幼有序，朋友有信。放勋曰："劳之，来之，匡之，直之，辅之，翼之，使自得之。"为问使自得个什么？就是要教百姓明了五伦之义，人心皆有，不学则蒙蔽而不能通达罢了。孔子教弟子亦是"入则孝，出则弟，谨而信，泛爱众，而亲仁，行有余力，则以学文"。子夏曰："贤贤易色，事父母能竭其力，事君能致其身，与朋友交，言而有信，虽曰未学，吾必谓之学矣。"是知古人之所谓学，须在事业上表现出来，才见得是真学问；后世号称做事业的人，往往不学无术，卑污苟且，而号称做学问的人，又往往死于章句之下，做古人奴隶，其最大病根，就是把学问和事业分作两截。

往者已矣，五百年来，能把学问在事业上表现出来的，只有两人：一为明朝的王守仁，一则清朝的曾国藩。二人都是以书生而克平世乱，都是在千辛万苦中，把学问事业，磨炼成功，都是戎马倥偬之间，读书为学不倦。不过，王守仁天资高，是高明一路的人，故其为学途径，多偏于上达一方面，于下学功夫，则言之颇少。曾国藩为笃实一路的人，处处脚踏实地，故其为学途径，最合于下学之门。阳明之学学之不善，还会发生毛病；曾国藩的学问，则无论如何，都不会发生弊端。高明的人应该走这条路，迟钝的人也应该走这条路，下学的功夫如此，上达的功夫亦不过如此。因为他对学问的见解，不与凡俗同，而自己又能身体力行地做出榜样来，这便见得他的真学问。他说：

今人都将"学"字看错了，若细读贤贤易色一章，则绝大学问，即在家庭日用之间。于"孝弟"两字尽一分，便是一分学，尽十分便是十分学。今人读书皆为科名起见，于孝弟伦纪之大，反似与书不相关；殊不知书上所载的，作文时所代圣贤说的，无非要明白这个道理。若果事事做得，即笔下说不出何妨？若事事不能做，并有亏于伦纪之大，即文章说得好，亦只算个名教中之罪人。贤弟性情真挚，而短于诗文，何不日日在"孝弟"两字上用功。《曲礼》《内则》所说的，句句依他做出，务使祖父母父母叔父母无一时不安乐，无一时不顺适，下而兄弟妻子，皆蔼然有恩，秩然有序，此真大学问也。（道光廿三年六月六日致诸弟）

人不读书则已，亦既自名曰读书人，则必从事于大学，大学之纲领有三：明德，新民，止至善，皆我分内事也；若读书不能体贴到身上去，谓此三项与我身了不相涉，则读书何用？虽使能文能诗，博雅自诩，亦只算得识字之牧猪奴耳，岂得谓之明理有用之人乎？……大学之条目有八，自我观之，其致功之处，则仅二者而已，曰格物，曰诚意。格物，致知之事也；诚意，力行之事也。物者即所谓本末之物也，身心意知家国天下皆物也，天地万物皆物也，究其所以当定省之理，即格物也；事兄随行物也，究其所以当随行之理，即格物也；吾心物也，究其存心之理，又博究其省察涵养以存心之理，即格物也；吾身物也，究其敬身之理，又博究其立齐坐尸以敬身之理，即格物也；每日所看之书句句皆物也，切己体察即格物也；此致知之事也。所谓诚意者，即其所知而力行之，是不欺也，知一句便行一句，此力行之事也。此二者并进，下学在此，上达亦在此。（道光二十二年十月二十六日致弟书）

这是他对学问的见解，能把书中之事，处处体贴到身上去。照此处所引第一段，好像他所谓大学问，只在"孝弟"两字。看第二段，他解格物诚意，然后知我们随时随地，都应该在学问陶镕中。读书固然是在做学问，即行止坐卧，亦即是在做学问。大概学问之事，原无定项。居家则将家中做到蔼然有恩，秩然有序；居国家天下，则使人民各安其所，近悦远来。推而至于为农为圃，为工为商，各思慎其职而敬其事，便是在做学问。孔子曰："君子无终食之间违仁。造次必于是，颠沛必于是。"不违仁便是时时在做学问，朱子所谓"一息尚存，此志不容稍懈"，都见得虽在造次颠沛之间，而为学不辍。不但如此，还要能在职业的本身与环境的本身，去寻求学问。如前所云，农圃工商，就在农圃工商中去求学识，求进益。处困穷的环境，不但能不怨不尤，并且能乐道不渝；处富贵的环境，不但能不骄不泰，并且能谦礼下人。如此一一做到了，虽曰未学，吾必谓之学矣。

学的性质既如此广大精微，无所不在，其范围将如何规定呢？姚姬传言学问之途有三：曰义理，曰辞章，曰考据。曾氏引申其义曰：义理一门，在圣门为德行而兼政事，辞章则圣门言语之科，考据则圣门文学之科。此曾氏《圣哲画像记》之言，盖以说明姚氏之言耳。在他的日记中，则谓有义理之学，有辞章之学，有经济之学，有考据之学。四者之中，义理一门，自然尤为学问之本，立身之基。我以为，他生平成功多得力于此，而他生平用力之深，亦太半在此。当他三十二岁在京城充国史馆协修官时，他自订课程十二条，就见得他为学的道路与身体力行的精神。其十二条中之重要者，摘录如下：

一、主敬　整齐严肃，无时不惧，无事时心在腔子里，应事时专一不杂，清明在躬，如日之升。

一、静坐　每日不拘何时，静坐四刻，体验来复之仁心，正位凝命，如鼎之镇。

一、读书不二　一书未完，不看他书，东翻西阅，徒务外为人。

一、养气　气藏丹田，无不可对人言之事。

一、日知所亡　每日读书记录心得语，有求深意是徇人。

一、月无亡其能　每月作诗文数首，以验积理之多寡，养气之盛否，不可一味耽着，最易溺心丧志。

这个课程表，他终身行之，无大更变；所以他的成就，亦正能如其所期。现在就其所成就者分类而详说之，则可列为三大部门：曰修养，曰治事，曰读书。所以不依曾氏义理、辞章、经济、考据四种分法者，为其言不甚显豁，而于本书性质尤不相宜。实则修养即曾氏所谓义理之学，治事则经济之学，读书即辞章之学与考据之学。他生平所治之学，可以此三种尽之。他对此三种，都有深刻的研究，精细的心得，极具体、极简易的治学方法。他所治学问的内容，虽然未尽适合于今日，但是他治学的方法，确在在足以为今人模范，是以本书所言，完全重在他的方法，而不一一述其学术内容。

第二章　曾氏气度与学风

　　孟子曰："颂其诗，读其书，不知其人可乎？"我们既略知曾氏对学问的意义与学问的范围，都有很精微的解释，我们更要进一步去研究他治学的方法，故不能不先知他的气度与他的学风。知得他的气度，然后知他学问事业造诣的根柢；知得他的学风，然后知他的治学方法所由来。并且可以明白何以颂其诗、读其书还不够，定要加一个知其人。大概不知其人的身世，徒读其诗书，恐怕就时时要感觉书中言论，像是突如其来。譬如不明白荀卿的个性，乍看他书，就会疑惑他何以要主张性恶，何以开口就是人之生固小人。明白了他的性情行事，然后再看他书，就毫不奇怪了。因此我们在研究曾氏治学方法之前，定要有本章的叙述。

　　曾国藩的才质，并不能算是聪秀。老实点说，他的确是一位很拙钝的学者，不但在他的日记、家书中间，常常发现他自己说他是天性鲁钝；就纵或他自己不说吧，我们只要看他修己、治人、齐家、读书诸事，几无一处不见得他鲁钝或拘拙。鲁钝与拘拙并不是坏事，高明与聪颖，亦并不是好事。可以说曾氏一生得力处，就在他自知鲁钝，乃勤勤恳恳，孜孜矻矻，按部就班地去走下学上达困知勉行的道路。平常人坏处，就在自以为有几分小聪明，于是聪明反被聪明误，凡事好高骛远，而不脚踏实地地去做，所以结果倒还是鲁钝拘拙的人成功。以圣门学生而论，子贡比曾子聪颖得多了，然而孔子之道传之曾子，赐不受命，而货殖焉。就可知孟子恶智、老子尚拙的深意了。我所谓曾氏的鲁钝拘拙，就是因为他的天性是笃实敦厚一路的人，而自己又深察平常人所谓聪明的危险，所以自己不知不觉就会做到鲁钝拘拙一路上去。然而拿他学问造诣和事业的成功来说，就要格外使我们深服他精神的可畏。另一方面说，假如我们自己感觉自己的天资不甚高明，也就不必自馁；即自命是有几分聪明的人，尤应该时自儆励。

因为他是诚笃一路的人，所以要看他的气度，也该以此为出发点。他气度的表现，可以从两方面观察：一是他自己的立身为人，二是他的待人接物。在叙述他这两方面之前，我先引薛福成的一段话，可以概见这两面的大要。他说：

曾国藩自通籍后，服官侍从即与故大学士倭仁，前侍郎吴廷栋，故太常寺卿唐鉴，故道员何桂珍，讲求先儒之书，剖析义理，宗旨极为纯正。其清修亮节，已震一时，平时制行甚严，而不事表襮于外，立心甚恕，而不务求备于人，故其道大而能容，通而不迁，无前人讲学之流弊，继乃不轻立说，专务躬行，进德尤猛。其在军在官，勤以率下，则无间昕宵；俭以奉身，则不殊寒暑。久为众所共见，其素所自勖而勖人者，尤以畏难取巧为深戒，虽祸患在前，谤议在后，亦毅然赴之而不顾。与人共事，论功则推以让人，任劳则引为己责。盛德所感，始而部曲化之，继而同僚谅之，终则各省从而慕效之，所以转移风气者在此，所以宏济艰难者亦在此。……其数十年逐日行事，均有日记……战兢临履之意，溢于言表，此其克己之功，老而弥笃，虽古圣贤自强不息之学，亦无以过之也。（《庸盦文集》）

在这一段中，我们已可见得曾氏气度的大略。关于他自己立身为人的，则制行甚严而不事表襮于外，立心甚恕而不求备于人，专务躬行，进德尤猛，不畏难，不取巧，虽祸福在前，谤议在后，亦毅然赴之而不顾。关于待人接物的，则论功则推以让人，任劳则引为己责，气度是如此的恢宏阔大，安得不为一代中心人物的中心？薛氏在他部下多年，我们相信薛氏的道德文章，当然是"污不至阿其所好"。

他处处表现着脚踏实地的精神，所以他时时有犹恐失之的感觉。我们看他把日常功课立为课表，每日照上面做，更于每晚做日记，自讼这一天言论行事得失。还恐怕有懈怠疏忽的地方，又常做出许多箴言、对联，或者标几个字在自己脑筋里，做立身行事的标准，使随时随地有所鉴戒。这是翻开他的全集，处处可以见到的。我们统观他的言论行事，可说是洗净浮华，朴实谙练，日积月累，如愚公之移山。若拿几个抽象的名词来表白他这种气度，则"谦""恕""勤""恒"四字，很可以代表。大概"谦""恕"二字可以代表他待人接物的气度，"勤""恒"二字，则是他终身行事的不二精神。他尝说："君子之道，莫善于能下，莫不善于矜。"（见《杂著·气节·傲》）又曰："此身无论处何境遇，而敬恕勤字，无片刻可弛。"（见日记）即此数语，可见得曾公气度之一般了。

他的气度是如此，所以造成他朴实谙练的学风，他觉得学问这件事情，是应该公之天下，不应该有主观成见掺杂其间，更不应该互相标榜，以成所谓门户之见，在他家书中曾经说过："信中言兄与诸君子讲学，恐其渐成朋党，然弟尽可放心，兄最怕标榜，常存暗然尚䌹之意，断不至有所谓门户自表者也。"这几句话并不是偶然因其弟信中之言而为此顺便的解答，他对学问素来就未主张过门户。他觉得各家的学问，都必有其长处，若能去短取长，则不但无门户相标的必要，并且有兼取众长的好处。这种泰山不让土壤、河海不择细流的态度，在清朝学者中，就不大多见。乾嘉年间的那些大师，自号汉学，于是丑诋宋人理学，不遗余力，间有讲理学者则又或标程、朱以攻陆、王，或标陆、王以攻程、朱。在他看来，都是不免于太自隘了。在他所著《圣哲画像记》一篇之中，颇可以见得他对于各门学问都有兼收并蓄、博采众长的精神。他中间有一段说："自朱子表章周子、二程子、张子，以为上接孔孟之传，后世君相师儒，笃守其说，莫之或易。乾隆中，闳儒辈起，训诂博辨，度越昔贤，别立徽志，号曰汉学，摈有宋五子之术，以为不得独尊；而笃信五子者，亦屏弃汉学，以为破碎害道，断断焉而未有已。吾观五子立言，其大者多合于洙泗，何可议也？其训释诸经，小有不当，固当取近世经说，以辅翼之；又可屏弃群言，以自隘乎？"这是他显然的不赞成汉学家与宋学家的互相攻击。他觉得这样互相攻击，直是把自己看小了。因为他是要兼综汉、宋之长，以成文实并茂的学问，故不欲左祖以附一哄。且不独于汉、宋之争为然，于程、朱、陆、王之争，亦复如此。唐镜海是曾氏的先生，著《清朝学案小识》专尊程、朱，而排陆、王，于是就成一部著名的坏书。曾氏就不如此，他说："朱子主道问学，何尝不洞达本源？陆子尊德性，何尝不实征践履？姚江（王阳明）宗陆，当湖（陆清献）宗朱，而当湖排击姚江，不遗余力；当湖学派极正，象山姚江亦江河不废之流。"（《覆颍州府夏教授书》）以此态度，比之于唐镜海的拘墟狭隘，真是相去不可以道里计了。不但如此，在他日记中，还有这样几句话：

> 以庄子之道自怡，以荀子之道自克，其庶为闻道之
>
> 君子乎？以禹、墨之勤俭，兼老庄之静虚，于修己治人

之术，两得之矣。周末诸子，各有极至之诣，其所以不及孔子者，有所偏至，即彼有所独缺，亦犹夷、惠之不及孔氏耳！若游心能如老庄之虚静，治身能如墨翟之勤俭，齐民能如管、商之严整，而又持之以不自是之心，伪者裁之，缺者补之，则诸子皆可师不可弃也。

观此数段，则知曾氏不但于汉、宋之争，朱、陆之争，认为非学者应有态度，且欲合上下古今诸子百家于一炉而共冶之，伪者裁之，缺者补之，以成其广大深渊。这种毫无主观成见，纳百川于一海的为学精神，乃为曾氏治学方法中的主要条件；故欲论曾氏的学风，不可不首先知道他这种博采众取、不主门户、不尚标榜的气概。

其次在他学风中占重要地位者，就要算他那困勉的工夫。他尝说："天下事未有不从艰苦中得来，而可久可大者也。"又曰："百种弊病，皆从懒生，懒则弛缓，弛缓则治人不严，而趣功不敏，一处懈，则百处懈矣。"这几句话，可算是他为学精神的纲领。他所以能如此坚苦卓越，不稍弛缓者，正因为他把学问目标立得很远大，故日求赴之不敢荒懈，盖即庄子所谓"适千里者三月聚粮"之意了。我们看他的座右铭"不为圣贤，便为禽兽；不问收获，只问耕耘"，即可知其所期之远大，与用力之不可以不勤勉了。且人非生知安行者，凡事总得带几分勉强，才能有所成就，常人之畏难苟安，就是不愿意勉强。不知"虽小道必有可观者矣"，所谓可观，就是说虽是一件小能小艺，都必定要经过若干勉强力行，然后才可以有这小小的成就。曾氏对困勉的境界，体会至为深透，兹录数段如下：

余于凡事皆用困知勉行功夫，尔不可求名太骤，求效太捷也，以后每日习柳字百个，单日以生纸临之，双日以油纸摹之。临帖宜慢，摹帖宜疾，专学其开张处，数月之后，手愈拙，字愈丑，意兴愈低，所谓困也。困时切莫间断，熬过此关，便可少进。再进再困，再熬再奋，自有亨通精进之日；不特习字，凡事皆有极困难之时，打得通的，便是好汉。（《家训·纪鸿》）

人性本善，自为气禀所拘，物欲所蔽，则本性自失；故须学焉而后复之。失又甚者，须勉强而后复之。……凡有血气，必有争心，人之好胜，谁不如我？施诸己而不愿，亦勿施于人，此强恕之事也。一日强恕，日日强恕，一事强恕，事事强恕，久之则渐近自然，以之修身则顺而安，以之涉世则谐而祥，孔子之告子贡、仲弓，孟子之言求仁，皆无先于此者；若不能勉强而听其自然，以顽钝之质，而希生安之效，见人之气类与己不合，则隔膜弃置，甚或加之以不能堪，不复能勉强自抑，舍己从人，傲惰彰于身，乖戾著于

外，鲜不及矣。庄子有言："刻核太甚，则人将以不肖
之心应之。"董生有言："强勉学问，则闻见博而知益
明；强勉行道，则德日进而大有功。"至哉言乎。(《杂
著·勉强》)

余观自古圣贤豪杰，多由强作而臻绝诣。《淮南子》
曰："功可强成，名可强立。"《中庸》曰："或勉强而行
之，及其成功一也。"近世论人者，某也向之所为不如
是，今强作如是，是不可信，沮自新之途，而长偷惰之
风，莫大乎此。(《杂著·勉强》)

这几段发挥困勉的意义与效益，可谓淋漓尽致；并且他这言
论，并没有一句高远的理论，都是很平易的事实，而且句句都是
他自己经验过来，有方法，有步骤，只要按照他这方法去做，不
会没有效益的。怕的就是稍遇困难，就不愿勉力前进，就成为中
道而废。于是成者愈成，止者愈止，最后乃变成相悬甚远的两样
人。我们看他教纪鸿用困勉工夫的方法，是何等亲切？大概宇宙
间无论哪一种学问，绝没有不须勉强力学就能成功的；纵令有
了，这种学问的价值，也就有限。假如这一门学问，是可以不须
勉强学成，如目之能看、耳之能听，则根本这种机能，就不必称
为学问。既成为一种学问，必其中须要若干心力，若干困难，且
必以我精神胜过困难，然后庶乎有得。胜过小困，则有小得；胜

过大困，始有大得。试看古今中外之大学问家，哪一个不是胜过重重叠叠的困难，然才有所成功。曾氏所举写字之例，就是一个榜样。他说："数月之后，手愈拙，字愈丑，意兴愈低，所谓困也。"这几句话，只要我们曾在任何一门学问上用过功力，都会领略得到；不过我们当这个困的时期，是怎样的情形呢？勉力前进呢？废然摧沮呢？当然有很多的人是勉力前进，以求达他最后的目标，但恐怕畏难苟安，畏缩不前者，定亦不在少数。所以他接着就说："困时切莫间断，熬过此关，便可少进，再进再困，再熬再奋，自有亨通精进之日。"看他用这一个"熬"字，就可知道这个关头，确不容易过去，苟没有坚忍的耐心与精力，恐就难免要被困难阻挠了吧。而且这个困难，还不止一次，虽然熬过一次，便有少许进步，但是方见进步，却又有第二次的困难，定要经过若干次的"熬"，若干次的"奋"，然后才有亨通精进的境界。这若干次的困进，就不是一般浅尝辄止的人们所能打过。所以他说："打得通的，便是好汉。"这一段他描绘困勉工夫，最为透彻，可以说是他自述其学问心得，以教其子，也可以说他在发挥学问上必经的道路；这种困勉的工夫，不但是他自己凡事皆用，并且教导子弟，教导友朋部属，都是这一套法门。因为他认定学者自读书以至于复性，做圣贤豪杰，都不可舍勉强而听其自然，所以困勉工夫，也是他学风中重要之一。

此外，还有一种，也在他学风中占有地位，就是求阙的精神。他因为时时要戒骄傲，戒懒惰，所以时时刻刻惟恐自己犯自满的毛病，乃名其居曰：求阙斋。就是表示要求阙的意思。原来人的学问，到稍有造诣的时期，诚难免傲然自足，轻视他人，因此他乃处处存一个求阙的念头；处处求阙，自然无形中就不会自足与轻视他人。这还是就消极一方面说；凡人能时时刻刻求自己的阙，则其进德修业，亦必较他人为猛，这都是求阙精神的效益。然而他自己所谓求阙者，则完全出于临深履薄之心，惟恐高而致危，满而致溢，他全生的学问事功，都时时带有这种惕励之心。他自己尝说："余居京师，自名所居曰求阙斋，恐以满盈致咎也。人无贤愚，遇凶皆知自悔，悔则可免于灾戾，故曰震无咎者存乎悔，动心忍性，斯大任之基，侧身修行，乃中兴之本。自古成大业者，未有不自困心横虑觉悟知非而来者也。咎则驯致于凶，悔则渐趋于吉，故大《易》之道，莫善于悔，莫不善于咎。吾家子弟，将欲自修而免于愆尤，有二语焉，曰：无好快意之事，常存省过之心。"（见《杂著·悔咎》，参阅所著《求阙斋记》）这几句很可以概括他求阙的意义，这种意义，在他治家的学问上，表露尤多，是以其教训子弟，常以迁善改过，持满戒盈为务。他曾说：

> 吾人只有进德修业两事靠得住，进德则孝弟仁义是也，修业则诗文作字是也。此二者由我作主，得尺则我之尺也，得寸则我之寸也，今日进一分德，便算积一升谷，明日修一分业，又算余了一文钱；德业并增，则

家私日起，至于功名富贵，悉由命定，丝毫不能自主。
（道光二十四年八月廿九日致四位弟书）

　　季弟书中，言每思留心于言行之差错，以时时儆惕，余观此语，欣慰之至。凡人一身，只有迁善改过四字可靠。凡人一家，只有修德读书四字可靠，此八字者，能尽一分，必有一分之庆，不尽一分，必有一分之殃，其或休咎相反，必其中有不诚，而所谓改过修德者，不足以质诸鬼神也。吾与诸弟勉之又勉，务求有为善之实，不使我家高曾祖父之积累，自我兄弟而剥丧，此则余家之幸也。（咸丰元年七月廿八日致诸弟信）

　　照这一类意思，在他家书和日记里面，可算是触目皆是，他有了这个观念在心目中，所以不敢自是，不敢自满，以养成他虚怀若谷的治学精神；这种精神，并不是可以虚伪掩饰做成门面的，更不是畏神畏鬼，迫于迷信的，苟其如是，则行之不能自然；且至大利害冲突的时期，就会显现出很大的裂痕。他是完全由于心志远大，目光远大，且深信孟子"求在我"与"求在人"之意义，溶化而来。迁善改过，修德读书，皆求之在我，且可久可大，而毫无扞格。积谷积钱，皆求之在人，且过眼烟云，瞬即剥丧。虽然，此理甚明，常人皆可见到，然而非有深厚学养，即不能做到。曾氏系将修养、事功、读书，联成一片，几无时无地不是他研究学问的场所，无事不是他研究学问的资料，故他这求阙的精神，虽稍偏于个人的反省与治家的儆惕，我亦认为是他学风之一。

由上面的叙述，可以知道他的气度是谦恕勤恒，而学风则为不立门户、困知勉行与求阙。他的气度自然是他学养的成绩，亦可以说他的学问事功，亦因他的气度而更光辉充实；至于他的学风，则又为他的治学方法根柢，请于以下各章分述之。

第二编　修　养

第三章　修养的旨趣

　　修养这件事，可说是一切学术的出发点，虽然各人所学并不一致，但必经过一段修养工夫，这学问才靠得住。譬如说任何一种学问，总得具有恒心者，才能有所获得，这恒心就必须养而后有。又譬如做学问的必具有一副好身手，然后才能运其所学，而为世用，这好身手就必须继续修炼才能成功。所谓养而后有，所谓继续修炼，就是最浅显的修养。且人之为学，所以学为世用，苟不早具良好习惯，则一入社会，鲜有不格格不入，虽有技艺，亦无由表达了。故凡书本文字之外，心性行为上的良好习惯，身体器官上的良好技能，所谓养成健全体格，均非切实修养不会成功。且也，这些习惯与技能，苟毫无修养，则知识愈富，为害愈多，根本就谈不到学问。社会进步，知识技艺，当然有极重大的用场，但是我们苟不把内心先养好了，则知识技艺，且无所容。是故我们先有了内心的修养，就好像备了一副舟车，有了舟车，然后可以容载许多谷物；没有这副舟车，虽有谷物，将无所收束，势将狼藉满地，非但无济于用，犹将感觉讨厌了。所以学者身心的修养，确是一切学问的源泉。宋明理学家，就是因为感觉有一部分学者太舍本逐末了，以为知识技艺就是学问，所以他们大声疾呼，在那里喊诚意正心，喊得太起劲了，又往往会矫枉过正，专门在诚意正心上面做工夫，而忘了诚意正心之后，还有治国平天下的事业；更有时会把诚意正心、修身、齐家、治国平天下分成两截，以为修身以上是一事，修身以下又是一事，好像一个人要派若干年工夫去做修身以上的事，然后才能谈到齐家治平的事。不知如此做去，非但不切实，并且很危险；因为修养而不切于实际，空空洞洞关起门来去做，自然有一部分是可以的，而且是应该的——如静坐等；然苟终其身都是空空洞洞，关起门来造车，出门就难以合辙。且人所最难制胜者，莫如名利关头。空谈屏除名利之见，是容易的，到真实名利来了，还能淡然恝置，不为所动，就要看真实的修养工夫了。所谓真实的修养工夫，我则以为最好方法是就事上去修炼，不然，徒托空言，遇事即见痕迹，其原因就是离开事实去谈修养，所以愈修养愈迂腐，离开社会愈远，到最后他便专去做修身以上的一段工夫，修身以下一段的功夫就完全废置了。如此做去，即使做得好的，号称道德高尚，亦不过是静的道德、病的道德、于社会无甚实用的道德，此所以中国从前学者往往满腹文章，而不能任天下之事者，就是出于此途。做得不好，所谓见猎心喜者，一到名利关头，则前功尽弃，世人所称为伪道德、伪君子者，尽是出于此途。两种毛病，都是因为修养时期，离开事实太远的缘故。

故吾人不谈修养则已，谈修养则必就事论事，才有实效，亦才有生趣。譬如我们日常工作，处处不苟，待人接物，时时谦和，一有苟且傲慢，便立自谴责，立自改悔，这便是修养的实效；故凡离开事实太远而谈修养者，都不免空洞而有流弊。曾国藩氏之学术事功，都能如此辉煌者，全因为他修养工夫的深厚，而修养工夫之所以能切于实际，就是因为他不落空，日常工作，遇事反省。遇读书写字就在读书写字上求修养，遇待人接物，即在待人接物上求修养，带兵即在带兵上求修养，从政即在从政上求修养，可算随时随事都是他修养的资料。他把修养，看作合于实际应用的事实，所以他的修养工夫，处处能有生发的兴趣。第一是事业上的兴趣，第二是身心上的兴趣。

怎样是事业上的兴趣？因为他拿办事当练习才能、修养身心的工具，所以他处处感觉事业上的兴趣。事体顺手，固然有兴趣，即事体棘手，亦可借以磨炼经历，开拓胸襟。所以他说：

> 凡办一事必有许多艰难波折，吾辈总以诚心求之，虚心处之。心诚则志专而气足，千磨百折而不改其常度，终有顺理成章之一日；心虚则不动客气，不挟私见，终可为人共亮。大抵任事之人，断不能有誉而无毁，有恩而无怨，自修者但求大闲不逾，不可因讥议而馁沉毅之气。衡人者但求一长可取，不可因微瑕而弃有用之才，苟于峣峣者遇事苛求，则庸庸者反得幸全。

遇棘手之际，须从耐烦二字，痛下工夫。

喜誉恶毁之心，即鄙夫患得患失之心也；于此关打不破，则一切学问才智，实足以欺世盗名。

我辈办事，成败听之于天，毁誉听之于人，惟在己之规模气象，则我有可以自立者，亦曰不随众人之喜惧为喜惧耳！

天下惟忘机可以消众机，惟懵懂可以被不祥。

这几段都是他在办事上得到的修养心得，这些心得都绝不是关起门来空谈修养者所能梦见。大概他自己先立一个光明磊落的定见，然后收罗各方人才，顺这个定见做去，然后再以诚心求之，虚心处之，至于艰难波折，则早在他预计之中，虽千磨百折，而不改其常度。因为他相信只要自己果诚心，果虚心，不动客气，不挟私见，终可为人所共亮；即未得共亮而有毁谤，他也只问自己的心胸是否磊落光明，假如问心无愧，有可以自立之道，则毁誉皆听之于人，不做鄙夫患得患失的态度。我们看他初起湘乡的时候，因当时兵政废弛，土寇蜂起，地方官畏葸养痈，国藩则力主严明，十旬之中，戮二百余人，一时谤讟四起，至有"曾剃头"之称，然而国藩不为所动，而卒成削平内乱之大功。这便是他沈毅之气，始终不馁的功效。他何以能如此呢？我以他的秘诀，就在一面"从'耐烦'二字，痛下工夫"，一面能"忘机"。我们平常所以偾事，恐怕就因为不能耐烦的缘故吧？因为不能耐烦，故遇棘手之际，则猜疑嫉恨之心，往往缘之而起。也许他人原没有机心，倒因我先有机心而引起他人之机心，则事安有不败之理？他之所谓"忘机能消众机"就是萧王推赤心置人腹中的气度。如此，可以说他是在办事，亦可以说他是在借事以磨炼经历，开拓胸怀，更可以说因经历胸怀之修炼，而所办之事，更能顺理成章。这是因为修养工夫而得到事业上的兴趣。

怎样是身心上的兴趣呢？大概提起"修养"两个字，或者就会有人要认为是腐儒的口头禅吧？诚然，不谈修养则已，一谈修养，总是一开口就是慎独呀，主敬呀，诚意正心呀，把活泼泼的青年，几乎要拖到坟墓里去，才算是修养的功效；这样安得不被人们认为迂腐之谈呢？然而曾氏的修养旨趣，却不如此。他除了事业上的修养之外，常把最紧要的修养工夫，撮成几项，再将工夫的境界与修养之实效，一一从自己经验中叙述出来，使后生感觉修养这件事并不枯燥沉闷，而且易知易行，生趣勃发。所以我感觉得他所指示人的修养途径，处处都与实际生活有关，而无丝毫玄远空洞之病。他曾自订修养日课四条，录其大要如下：

　　一曰慎独则心安　自修之道，莫难于养心，心既知有善，知有恶，而不能实用其力，以为善去恶，则谓之自欺；方寸之自欺与否，盖他人所不及知，而己独知。……曾子所谓自反而缩，孟子所谓俯不愧仰不怍，所谓养心莫善于寡欲，皆不外乎是。故能慎独则内省不疾，可以对天地质鬼神，断无行有不慊于心则馁之时，人无一内愧之事，则天君泰然，此心常快足宽平，是人生第一自强之事，第一寻乐之方，守身之先务也。

二曰主敬则身强　敬之一字，孔门持以教人……内而专静纯一，外而整齐严肃，敬之工夫也；出门如见大宾，使民如承大祭，敬之气象也；修己以安百姓，笃恭而天下平，敬之效验也；……敬字切近之效，就在能固人肌肤之会，筋骸之束，庄敬日强，安肆日偷，皆自然之应征，虽有衰年病躯，一遇坛庙祭献之时，战阵危急之际，亦不觉神为之悚，气为之振，斯足知敬能使人身强矣。若人无众寡，事业无大小，一一恭敬不敢怠慢，则身体之强健，又何疑乎？

三曰求仁则人悦　凡人之生，皆得天地之理以成性，得天地之气以成形，我与民物，其大本乃同生一源，若但知私己而不知仁民爱物，是于大本一源之道，已悖而失之矣。至于尊官厚禄，高居人上，则有拯民溺救民饥之责，读书学古粗知大义，即有觉后知觉后觉之责；若但知自了而不知教养庶汇，是于天之所以厚我者辜负甚大矣。……后世论求仁者，莫精于张子之《西铭》，彼其视民胞物与，宏济群伦，皆事天者性分当然之事，必如此乃以谓之人，不如此则悖德曰贼。诚如其说，则虽尽立天下之人，尽达天下之人，而曾无善劳之足信，人有不悦而归之者乎？

四曰习劳则神钦　凡人之情，莫不好逸恶劳，无论贵贱智愚老少，皆贪于逸而惮于劳，古今之所同也。人之一日所着之衣、所进之食与一日所行之事、所用之力相称，则旁人赧之，鬼神许之，以为彼自食其力也。若农夫织妇，终身勤动，以成数石之粟，数尺之布，而富贵之家，终岁逸乐，不营一业，而食必珍馐，衣必锦绣，酣豢高眠，一呼百诺，此天下最不平之事，鬼神所不许也，其能久乎？……为一身计，则必操习技艺，磨炼筋骨，困知勉行，操心危虑而后可以增智慧而长才识；为天下计，则必己饥己溺，一夫不获，引为余辜。……军兴以来，每见人有一材一技能耐艰苦者，无不见用于人，见用于时，其绝无材技，不惯作劳者，皆唾弃于时，饥冻就毙，故勤则寿，逸则夭，勤则有材而见用，逸则无能而见弃，勤则博济斯民而神祇钦仰，逸则无补于人而神鬼不歆，是以君子欲为人神所凭依，莫大于习劳也。

这四条可以算是他的修养要旨，简明切实，不但容易躬行，并且他还给人多少鼓励。人能照此四条做去，岂但是处事泰然，抑且身心爽快，无时不在精神饱满之中，用这饱满精神去做事业，还会有苟且偷惰的气象吗？他曾说："古之君子，修己治家，必能心安身强，而后有振兴之象。"他是每夜以此四条相课，每月终以此四条相稽，我们观此可知他的修养工夫，完全是脚踏实地，全不蹈空虚口头禅的毛病。

他又曾把一切身心修养，归纳到不忮不求上面去。盖《诗》云："不忮不求，何用不臧？"不忮不求，则一切行为，皆无过失，修养之事毕矣。他说："圣贤教人千言万语，而要以不忮不求为重。忮者嫉贤害能，妒功争宠，所谓忌者不能修，忌者畏人修之类也。求者贪利贪名，怀土怀惠，所谓未得患得，既得患失之类也。忮不常见，每发露于名业相伴、势位相埒之人；求不常见，每发露于货财相接、仕进相妨之际。将欲造福，先去忮心，所谓人能充无欲害人之心，而仁不可胜用也。将欲立品，先去求心，所谓人能充无穿窬之心，而义不可胜用也。忮不去满怀皆是荆棘，求不去满腔日即卑污。"他把这两件事，说得如此透彻，真是暮鼓晨钟，发人深省。人能把这两件事常常在心里提撕猛省，自然修养之功，可以自进。

本章既说明了他的修养旨趣，至其修养方向与方法，大概可从两方面观察，一精神方面，二身体方面，以下分两章述之。

附录　曾氏《忮求》诗二首

善莫大于恕，德莫凶于妒；妒者妾妇行，琐琐奚比数？己拙忌人能，己塞忌人遇。己若无事功，忌人得成务；己若无党援，忌人得多助。势位苟相敌，畏逼又相恶。己无好闻望，忌人文名著；己无贤子孙，忌人后嗣裕。争名日夜奔，争利东西骛。但期一身荣，不惜他人污。闻灾或欣幸，闻祸或悦豫。问渠何以然，不自知其故。尔室神来格，高明鬼所顾。天道常好还，嫉人还自误。幽明丛诟忌，垂气相回互。重者灾汝躬，轻亦减汝祚。我今告后生，悚然大觉寤。终身让人道，曾不失寸步；终身祝人善，曾不损尺布。消除嫉妒心，普天零甘露。家家获吉祥，我亦无恐怖。

知足天地宽，贪得宇宙隘。岂无过人貌？多欲为患害！在约每思丰，居困常求泰；富求千乘车，贵求万钉带；未得求速赏，既得求勿坏。芳馨求椒兰，盘固方泰岱。求荣不知厌，志亢神愈怼。岁燠有时寒，日明有时晦；时来多善缘，运去生灾怪。诸神不可期，百殃纷来会。片言动招尤，举足便有碍。戚戚抱殷尤，精爽日凋瘵。矫首望八荒，乾坤一何大？安荣无遽欣，患难无遽憝。君看十人中，八九无倚赖。人穷多过我，我穷犹可耐。而况处夷涂，奚事生嗟忾？于世少人求，俯仰有余快。俟命堪终古，曾不愿乎外。

第四章 精神的修养

精神是人生的本源，人之所以为人者，形体是一个躯壳，必定要有精神，形体才能发生效用。一旦精神完了，形体不但是全无效用，并且也决不能支持，所以精神是形体之主，把这形体之主，养得好了，形体自然动静咸宜。《淮南子》曰："血气者，人之华也，而五藏者，人之精也。夫血气能专于五藏而不外越，则胃腹充而嗜欲省矣；胃腹充而嗜欲省，则耳目清，听视达矣；耳目清听视达，谓之明。五藏能属于心而无乖，则勃志胜而行不僻矣。勃志胜而行不僻，则精神盛而气不散矣；精神盛而气不散则理，理则均，均则通，通则神，神以视无不见，以听无不闻也，以为无不成也。是故忧患不能入也，而邪气不能袭。"(《精神训》)这一段说明精神是人生本源，至为透彻。所谓精神盛而气不散，拿一句肤浅的话来说，就是精神饱满而不外露的气象。有了这个气象，则视无不见，听无不闻，为无不成；没有这个气象，则不免于飞扬散漫，瞀乱荒遗，所谓视而不见，听而不闻，食而不知其味，就是因为精神不能贯注而已。故必先做到精神盛而气不散，然后才谈到学问事业，古今圣哲在这一点上用的工夫，确不在少数，所谓存心养性，养气存诚立大……都不过是要做这个内心的工夫罢了。

曾氏的学问事业，都有很惊人的成就。我们看他的日记，看他的家书，以及他与人相往还的书信中，处处见得他是毋怠毋荒，丝毫不苟。这全是因为他有过人的精神，才能如此，而也就是他学问事业成功的根源。在他日记中，曾说："精神要常令有余，于事则气充而心不散漫。"他生平很欢喜读《孟子·养气章》，我觉得他这几句话，就是得力于《养气章》中的境界。所谓于事则气充，正是不馁的情形；心不散漫，就是"必有事焉"，就是前面所说的精神饱满而不外露。因为他能精神饱满而不外露，故能勤恳奋勉，不求苟安。再看那些苟安怠惰的人，总是精神不足的缘故。精神之所以不足，一方面是养之不得其宜，一方面是用之不得其当。《淮南子》曰："耳淫于声色之乐，则五藏摇动而不定矣。五藏摇动而不定，则血气滔荡而不休矣。血气滔荡而不休，则精神驰于外而不守矣。"（《精神训》）这几句话正是说明精神不足的原因——养之不得其宜，用之不得其当，都在其中了。现在我们要研究曾氏怎样养他的精神和怎样用他的精神，不可不先求他修养精神的一个线索。我觉得他对精神的本体说，是要常令有余，就精神的效用说，则求归之于仁。怎样把这两种联到一起以达到这个欲望，就要看养的方法与养的步骤了。

修养精神，全是内心的；故凡所谓治心之道、惩忿窒欲、静

坐养心、平淡自守、改过迁善等，都属于精神的修养。在他学问
中要占大部分的工夫，也是他生平学问事业的最得力处。所以在
他全集中，尤其是家书与日记中，关于这类言论，载的特多，兹
言其次第如下：

治心之道，先去其毒，阳恶曰忿，阴恶曰欲。治身
之道，必防其患，刚恶曰暴，柔恶曰慢。治口之道，二
者交惕：曰慎言语，曰节饮食。凡此数端，其药维何？
礼以居敬，乐以导和。阳刚之恶，和以宜之；阴柔之
恶，敬以持之；饮食之过，敬以检之；言语之过，和以
敛之。敬极肃肃，和极雍雍，穆穆绵绵，斯为德容，容
在于外，实根于内。动静交养，晬面盎背。

方今天下大乱，人怀苟且之心，出范围之外，无
过而问焉者。吾辈当立准绳，自为守之，并约同志共守
之，无使吾心之贼，破吾心之墙子。

人必虚中不着一物而后能真实无妄，盖实者不欺之
谓也。人之所以欺人者，必心中别着一物，心中别有私
心，不敢告人，而后造伪言以欺人；若心中了不着物又
何必欺人哉？其所以欺人者，亦以心中别着私物也。所
知在好德，而所私在好色；不能去好色之私，则不能不
欺其好德之知矣。是故诚者不欺者也，不欺者心无私
着也；无私着者至虚者也。是故天下之至诚，天下之至

虚者也。当读书则读书，心无著于见客也；当见客则见客，心无著于读书也。一有著则私也。灵明无著，物来顺应，未来不迎，当时不杂，既过不恋，是之谓虚而已矣。是之谓诚而已矣。（以上各条见日记）

这几段可以代表他精神修养的总纲。此处所谓治身治口，似乎是属于形体；然而他系就礼以居敬，乐以导和方面立言，实根于内。他在消极方面，是要去其毒、防其患、慎言语、节饮食；但在积极方面，则有"敬"字与"和"字做律身的准则。他因为单讲一个"敬"字恐怕太拘谨了，太枯燥了，因而加上一个"和"字，生活上便可以加许多生趣，他曾说："吴竹如言'敬'字最好，予谓须添一'和'字。则所谓'敬'者，方不是勉强矜持，即礼乐不可斯须去身之意。"这就可以证明一个"敬"字，不免于呆板，甚至流到伪君子一条路上去；有个"和"字就可以活泼和蔼，出于自然。他平生气象，很可以这两个字包之，并且有此积极的修养目标，则消极的防范，不至于落空。所谓无使吾心之贼，破吾心之墙子，心之贼就是忿欲一类的过失，心之墙子，就是积极方面的目标，也可以说就是此处所云之敬与和。更进一步，真实无妄，是心中墙子，作伪欺人，便是心中之贼。他所谓虚中不着一物，就是要把私心完全去掉，如太虚境界，然又不是完全着空，只是心中不要有私着，殆如孟子所谓"专心致志"，庄子所谓"用志不分，乃凝于神"。他指示我们的例子——

当读书则读书，心无着于见客；当见客便见客，心无着于读书。这是再显明切实没有了。但是心如何能如此的受我们指挥，可以未来不迎，当时不杂，既过不恋呢？这便是靠我们修养工夫了。我尝以为养心之道，很像饲养禽兽，必定要先把它野性养驯服了，然后可向积极方面去指导它有意识的动作。野性完全驯服了，是此处所谓至虚；能做有意识的动作，是此处所谓至诚。

以上所述治心之道，可算是他精神修养上的纲领；其细目如何呢？我以为可分三层来说：第一层是静坐，第二层是平淡，第三层是改过。兹依次述之。

静坐这层工夫，是儒道释三家共有的初步门径。儒者所谓定而后能静，静而后能安，道家所谓致虚极，守静笃，都是把"静"字看作学者最重要的工夫。至于佛家要求明心见性，更要先有静的境界，然后才能达到。我们平常的精神，总是飞扬散漫，在此飞扬散漫的精神上，要去谈学问，谈工夫，谈境界，谈心得，岂不等于南辕北辙？所以我觉得不管做哪门学问，没有一副静的精神，总不容易得到学问中的精蕴。现在所谓冷静的脑筋，仍是静的意味。必先具着冷静的脑筋，然后可以鉴别自己的长短得失，不然便难逃主观成见的遮蔽了；所以静的精神，竟是一切学问的入门基础。在未能达到静的境界之先，只有用静坐的方法来训练。我尝说：我们这种飞扬散漫的精神，犹如一盆泥浆水，要想拿这一盆泥浆水去照物，只有把这盆水摆在那里不动，慢慢待它把泥浆沉下去，上面便是清水，可以照物了。静坐的工夫就是要把我们心中泥浆——私欲沉下去，渐渐提掉，使它清能照物，便是把飞扬散漫的精神，渐渐训练到静的境界了。曾氏养心之法，当然也不出乎此。他说：

"静"字全无工夫，欲心之凝定得乎？

树堂来与言养心养体之法，渠言舍静坐更无下手处，能静坐而天下之能事毕矣。因教我焚香静坐之法，所言皆阅历语，静中真味，煞能领取。又言心与气，总拆不开，心微浮则气浮矣，气散则心亦散矣。

神明则如日之升，身体则如鼎之镇，此二语可守者也。推心到静极时，所谓未发之中，寂然不动之体，毕竟未体验出真境来。意者只是闭藏之极，逗出一点生意来，如冬至一阳初动时乎？贞之固也，乃所以为元也；蛰之坏也，乃所以为启也。谷之坚实也，乃所以为始播之种子也。然则不可以为种子者，不可谓之坚实之谷也。此中无满腔生意，若万物皆资始于我心者，不可谓之至静之境也。然则静极生阳，盖一点生物之仁心也。息息静极，仁心不息，其参天两地之至诚乎？颜子三月不违，亦可谓洗心退藏极静中之真乐者矣。我辈求静，欲异乎禅氏入定，冥然罔觉之旨，其必验之此心，有所谓一阳初动，万物资始者，庶可谓之静极，可谓之未发之中，寂然不动之体也。不然，深闭固拒，心如死灰，自以为静，而生理或几乎息矣，况乎其并不能也。有或扰之，不且憧憧往来乎？深观道体，盖阴先于阳，信矣；然非实由体验得来，终掠影之谈也。（以上各条见日记）

　　上引三节都是说明"静"字的重要，与静坐的境界。他说："能静坐而天下之能事毕矣。"我们骤然看去，似乎把静坐这件事，看得太神通了；其实就是说人的精神，不能沉静下去，则心总是散漫的，气总是浮动的，对事理不会看得清楚，自己做事也不会着实。甚至自己身体都不能保养得宜。他曾说："若不静省，身也不密，见理也不明，都是浮的。总是要静，然后知养心养体，乃至于做一切学问，都是舍静坐更无下手处。至其所谓心到静时，未发之中，寂然不动之体。"一大段的意思，无非要发明儒者求静，欲异乎禅氏入定，冥然罔觉之旨，与道家形如槁木、心如死灰的境界。这一点我则以为曾氏犹未免前人门户之见，实则静坐之理，至宋儒而大明。宋儒之所以笃信此道，甚至以半日读书，半日静坐者，完全是得之于佛道二家，尽可他们嘴里喊着排斥二氏，但是暗地还是同他们往还很密，而学问方法——尤其是静坐方法，与学问见地，亦确实受佛道不少益处。然而他们偏要喊出吾儒之道，怎样广大精微，抹煞人家长处，这是宋儒的浅陋。以"静"字论，其本体上三家原没有什么不同，或者宋儒所得的境界，未能如释道之精深则有之，定要在这当中，找出不同之点，以求尊重儒者，不但浅陋，且更穿凿。曾氏此段之论，既未免于此，盖犹宋儒之遗病也。

静坐以外，他所期望精神上的，便是平淡的境界。平淡，我以为就是老子所谓淡泊寡欲。不能淡泊寡欲，外物便不免扰乱其心，心中就不平不淡，精神便要时时受累了。所以他说：

> 胸怀广大，宜从平淡二字用功。凡人我之际，须看得平；功名之际，须看得淡。庶几胸怀日阔。

> 余生平虽颇好看书，总不免好名好胜之见，参预其间；是以无《孟子》深造自得一章之味，无杜元凯"优柔餍饫"之趣，故到老而无一书可恃，无一事有成。今虽暮齿衰迈，当从"敬静纯淡"四字上痛加工夫；纵不如孟子、元凯之所以云，但养得胸中一种恬静书味，亦稍足自适矣。

> 偶作联语以自箴云："禽里还人，静由敬出；死中求活，淡极乐生。"一本《孟子·夜气章》之意，一本《论语·疏水曲肱章》之意，以绝去梏亡营扰之私。（以上各条见日记）

在这几段中，可以见得他所谓"平淡"二字的意义，与自己痛恨心胸未能平淡的情状。可知常人胸襟不能广大，全是物质之念太重，功名之念太重。更简单些，便是私欲营扰于心，使精神无安静的时期，自然更谈不到快乐。他所谓从敬静纯淡上痛加工夫，与所谓淡极乐生，都是要使心中平淡，不致有梏亡营扰之私，务使精神恬静寡欲，不受外物之累，庶几廓然大公，物来顺应，然后可以日既于光明之域。

存着这个意念，做修养的规范，修养才不落空，才不至拘泥于物而无所适从，自己时时可以检点自己的心境，果能平淡了么？便是进益；自觉尚未能平淡，则寻究其所以未平淡的原因：或者是好名好胜？或者是好色好货？寻得病根，然后就病根上痛下针砭，这便是所谓改过，实则仍是平淡修养的又一面——消极方面罢了。曾氏对改过很勇，他所以要立日记册子，日日不稍间断，为的就是要能收得改过之效。我们看他全书之中，其自怨自艾、自责自讼的地方多极了。他初号伯涵，廿一岁时，改曰涤生。他说涤者，取涤其旧染之污也；生者，取袁了凡之言，"从前种种譬如昨日死，以后种种譬如今日生"也。他又曰："吾家子弟，将欲自修而免于愆尤，有二语焉：'曰无好快意之事，常存省过之心。'"于此可见他的改过精神了。凡他所作之铭联箴言，及全书中所常见之格言警句单字等，都为的是要借作提醒警惕的工具，即是借作改过的针砭，兹举其要者如下：

日来自治愈疏矣！绝无瑟侗之意，何贵有此日课之册？看来只是好名：好作诗名心也，写此册而不日日改过，则此册直盗名之具也。亦既不克痛澌旧习，何必写此册？

自立志自新以来，至今五十余日，未曾改得一过，此后直须彻底荡涤，一丝不放松，从前种种，譬如昨日死，以后种种，譬如今日生，务求息息静极，使此生意不息。

所以须日课册者，以时时省过，立即克去耳！今五日一记，则所谓省察者安在？所谓自新者安在？吾谁欺乎？真甘为小人而绝无羞恶之心者矣！

今年忽忽已过两月，自新之志，日以不振，愈昏愈颓；以至不如禽兽。昨夜痛自猛省，以为自今日始，当斩然更新，不终小人之归；不谓云阶招与对弈，仍不克力却，日日如此，奈何！知己之过失，即自为承认之地，改去毫无吝惜之心，此最难之事。豪杰之所以为豪杰，圣贤之所以为圣贤，便是此等处磊落过人，能透过此一关，寸心便异常安乐，省得多少缪葛，省得多少遮掩装饰丑态。（以上各条见日记）

凡此都见得他是常存省过之心，他每日写日记时，就是自己与自己结账之时，凡这一日的言行动作，都要在此时期做一个反省，见善则迁，见过则改，这是他立日记册的用意，亦即是他立志自新之大目标。他有了这个目标，故在积极方面则随处立许多箴言，借以自警；在消极方面，则时时悔过，痛自猛省。在此种情形之下，假如没有积极目标，则不但易于着空，甚或流于诈伪。他有他的修养目标，故能日益进步。我们所要效法他的，便是一方要具有正大目标，一方要具有这种勇于自责的精神。平常人若有人骂他欺世盗名，甘为小人，以至不如禽兽，则必起而抗詈，认为莫大之辱；然其行为，乃真有欺世盗名，甘为小人，以至不如禽兽之事实，则又时自掩护，终至小人之归，此虽不欲承小人之名，而实具小人之实。曾氏勇于自责，谓不为圣贤，便为禽兽；其自待如此之严，故其改过毫无吝惜之心，而卒能磊落过人，达到其所期之目标者，其得力皆在于此。

以上所举三种——静坐、平淡、改过，是他修养精神的三项细目。在此三项细目之中，平淡二字又是一个中坚。静坐是为此中坚目标而用的工夫，改过是为此中坚目标而用的克省工夫；故此三者，名虽为三，实则一而已矣。一者何？就是要求有平淡的心境，以应世事罢了。我们可以说上述三项——静坐、平淡、改过，要算是他精神的本体，而施之于用，则他所谓强毅之气。他尝有两个口诀：一个是"悔"字诀，一个是"硬"字诀。他述朱子之言："'悔'字如春，万物蕴蓄初发；'吉'字如夏，万物盛茂已极；'吝'字如秋，万物始落；'凶'字如冬，万物枯凋。"
又尝以"元"字配春，"亨"字配夏，"利"字配秋，"贞"字配
冬。谓贞即硬字诀也。他说："此艰危之际，若能以'硬'字法
冬藏之德，以'悔'字启春生之机，庶几可挽回一二乎？"我以
为这两个口诀，实足以代表他的整个的修养工夫，与整个的立身
为人的精神。静坐、平淡、改过，都是悔的工夫；强毅之气，便
是硬的气象。此不但可以代表他的人生，且足以代表他的学问
事业。他终其身谦谦自牧，便是悔的功效，以中等之资，而下学
上达；以书生而削平大乱，是硬的功效。关于悔的工夫，除上述
三项——静坐、平淡、改过以外，他与其弟书内，曾切实发挥一
段，兹录如下：

兄自问近年得力惟有一"悔"字诀，兄昔年自负本
领甚大，可屈可伸，可行可藏，又每见得人家不是；自
从丁巳戊午大悔大悟之后，乃知自己全无本领，凡事都
见得人家有几分是处，故自戊午至今九载，与四十岁以
前迥不相同，大约以能立能达为体，以不怨不尤为用。
立者发奋自强，站得住也；达者办事圆融，行得通也。
吾九年以来，痛戒无恒之弊，看书写字，从未间断，选
将用兵，亦常留心，此皆自强能立工夫；奏疏公牍，再
三斟酌，无一过当之语、自夸之词，此皆圆融能达工
夫。至于怨天，本有所不敢，尤人则常不能免，亦皆随

时强制而克去之。弟若欲自儆惕，似可学阿兄丁戊二年之悔，然后痛下针砭，必有大进。

这一段是他四十八岁时候的话，其得力处，则全在一个"悔"字，盖惟能大悔，然后可以大悟，能大悟然后能发奋自强。他尝说："吾生平长进，全在受挫辱时。"就可知他善用挫辱机会，以图悔悟，以图自强，所以他的强毅之气，确是高人一等。他说：

> 强毅之气，决不可无；然强毅与刚愎有别，古语云："自胜之谓强。"曰强制，曰强恕，曰强为善，皆自胜之义也。如不惯早起，而强之未明即起；不惯庄敬，而强之尸坐立斋；不惯劳苦，而强之与士卒同甘苦。强之勤劳不倦，是即强也；不惯有恒，而强之贞恒，即毅也。舍此而求，以客气胜人，是刚愎而已矣。二者相似，而其流相去霄壤，不可不察，不可不谨。（咸丰八年正月初四致沅浦弟）

> 凡国之强，必须多得贤臣；凡家之强，必须多出贤子弟；至一身之强，则不外乎北宫黝、孟施舍、曾子三种。孟子之集义而慊，即曾子之自反而缩也。惟曾、孟与孔子告仲由之强，略为可久可常。此外斗智斗力之

强，则有因强而大兴，亦有因强而大败。古来如李斯、曹操、董卓、杨素，其智力皆横绝一世，而其祸败亦迥异寻常。近世如陆、何、萧、陈，皆予智自雄，而俱不保其终，故吾辈在自修处求强则可，在胜人处求强则不可。若专在胜人处求强，其能强到底与否，尚未可知。即使终身强横安稳，亦君子所不屑道也。（同治五年九月十二日致沅浦弟书）

　　然困心横虑，正是磨炼英雄，玉成于汝。李申夫尝谓余怄气不说出，一味忍耐，徐图自强，引谚曰："好汉打脱牙和血吞。"此二语是余生平咬牙立志之诀。余庚戌辛亥间，为京师权贵所唾骂，癸丑甲寅为长沙所唾骂，乙卯丙辰为江西所唾骂，以及岳州之败、靖港之败、湖口之败，盖打脱牙之时多矣，无一次不和血吞之。弟此次郭军之败，三县之失，亦颇有打脱门牙之象，来信每怪运气不好，便不似好汉声口，惟有一字不说，咬定牙根，徐图自强而已。（同治五年十二月十八日致沅浦弟）

这几段很可以代表他的强毅精神，而他整个的人生价值，也在这里表现不少。他把强毅的界说，规定得很清楚，所谓强毅之气，说高远一点，就是孟子所谓至大至刚的浩然之气，说浅近一点，就是浩然之气的初步；所以他所谓强毅之气，是建筑在曾子之自反、孟子之集义与孔子告仲由之强的意义上面。强毅之气，是以此为出发点，故完全求之在己，不在胜人处求自强，而在自修处求自强。换一句话说，就是不在胜人，而在自胜，能自胜者乃是真强。孔子所谓克己，即是自胜的意思；颜子不贰过，就是能自胜的榜样。不能自胜而求胜人者，则谓之颠顶，则谓之刚愎，而内心必满怀嫉妒与诈伪。照这样做去，充其量也不过做到曹操、董卓，试问对己对人，究竟有什么好处？他更明白告诉我们自胜的方法与门径，要从勉强入手。我在第二章中曾说勉强是他的重要学风之一，此处他以强制、强恕、强为善，做养成强毅之气的门径，正见得他学问工夫的一贯。平常人往往欢喜过苟且偷安的生活，所谓苟且偷安，就是不能自己勉强自己，如不惯早起便由着自己贪睡，不惯庄敬便由着自己散漫，不惯劳苦便由着自己安逸。……凡稍须用力者，均不自勉强，我们就可以断定这人必成废物；所以要想有所成就，不但要勉强自胜，并且要困心横虑，忍耐磨炼——这种工夫的深浅与学业成就的大小，是成正比例的。现在国内大穷小穷，莫不感受经济恐慌。青年求学，受经济压迫者，尤所在皆是，具有很好的资质，很大的求学决心，而为环境所逼，不能迈进，这自然是人生莫大苦楚；但是在无可奈何之中，这种穷的环境，亦未尝不可资以利用。我们看经济较裕的青年，往往嗜好浮华，与之俱裕，并不因经济较易，更努力于学业，据我的经验，倒是贫寒的青年，努力的精神愈好，而能有所成就者亦大半出于贫寒。由此类推，凡挫辱困苦都是磨炼人才之最好工具，就看能不能胜过罢了。你能胜过挫辱困苦而不为挫辱困苦所胜过，你便是好汉，你前途便多了一层造诣。如是一层一层积累多了，至最大挫辱困苦，常人所不能胜者，你也胜之裕如，你便成功一个大器。但是靠什么力量，可以抵抗挫辱困苦而致胜呢？便是曾氏所谓强毅之气。我们看他经过多少次的挫败，而能一字不说，咬定牙根，徐图自强，这是何等的强毅！何等的伟大！这种精神，我们应该时时取法于心，奉为圭臬的！

综合他精神的修养，可以归纳成两点：一点是心境平淡——人我之际看得平，功名之际看得淡；一点是强毅之气。这两点造成他广阔的胸怀，伟大的气魄，因此吸引了举国上下各方面的人才。我们看他幕府的人员，无拘文士武将，凡稍具一技之长，可以效力国家者，都能得他的任用；而一般人员，也莫不倾心悦服，竭忠尽智的去干，就可知他的知人之明与容人之度了。我觉得曾国藩所以胜过洪杨者，其根本原因在他这种精神！

第五章　身体的修养

　　我国号称不讲究体育，其实并不尽然。古者射御畋猎，与后世的拳术，都是锻炼身体的工具；不过科学不发达，未能按人体格、年龄制成适宜之动作，以普遍于民间耳。又有一部分学者，始终把身体看作精神的产物，认为精神是灵魂，身体是躯壳；精神是主，身体是客；精神是本，身体是末。把精神养得好了，身体自然而然地会强健起来，会享高年；精神养得不好，声色货利，功名富贵，得失爱憎之欲，日戕贼乎前，则身体纵极强壮，也受不了内心的如此摧残。他们看透了这一点，所以注重清心寡欲，居敬主静以养神、养性、养生之主，意思都是要从根本着手。而自汉以来道教大兴，内丹外丹之说，呼吸吐纳之功，尤为养生家所乐道。于是凡言体育者，大都离不了精神的修炼，可以说这种体育，是静的运动，是内功。一般人都说这种工夫有却病延年之效，延年虽未必，却病倒是事实。诚然，心身原有最密切的关系。善于忧郁的人，虽终日运动，恐犹不免于憔悴；心地宽畅的人，虽不十分运动，倒也生气勃然：这是精神影响于身体。然而掉转过来，身体亦恒影响于精神。身体羸弱的人，自然多愁多病；体格壮健的人，自然精神饱满。所以精神与体格，原是表里一贯，不可或忽的。曾氏修养工夫，即注意此两方面。前章所述为属于精神方面者，本章则属于体格方面者。惟身体修养，毕竟不能与精神修养，分而为二。所以他的养身要言，根源则完全属于精神方面，末节方法，始属于体格，而观效则又属于精神。兹录其《养生要言》如下：

一阳初动处，万物始生时。不藏怒焉，不宿怨焉。

——右仁所以养肝也。

内而整齐思虑，外而敬慎威仪。泰而不骄，威而不猛。

——右礼所以养心也。

饮食有节，起居有常。做事有恒，容止有定。

——右信所以养脾也。

扩然而大公，物来而顺应。裁之吾心而安，揆之天理而顺。

——右义所以养肺也。

心欲其定，气欲其定，神欲其定，体欲其定。

——右智所以养肾也。

此处重要意义，只在五条正文，所言完全属于精神方面，然
且名曰《养身要言》，就可知他所认为养身之本，仍属之精神。
至于拿仁义礼智信去配肝肺心肾脾，则又是他受了旧说之累，而
为此附会之辞。阴阳家主张以五行之理，支配万事万物，所以有
五色、五味、五声、五方、五常、五藏之相配属。此处曾氏所
定五项《养身要言》，在《淮南子》中，亦尝如此分配，惟名目
次序，往往不同，实则牵强附会，并无道理，我们竟不必去注意
它。然而曾氏所以不脱旧套，犹以此为兢兢者，盖笃信肝肺心肾
脾与仁义礼智信为表里一贯，要五藏健康，须得五常之德，为之
滋养灌溉，仍是以精神为体格之主的意思。

平常人总是因为自己身体不大好了，然后才讲求养生之法，
曾氏亦正如此。他的身体很羸弱，失眠、吐血、目疾、癣疥，闹
个不休，这大概一半是先天不足，一半是过于劳苦、过于用功的
结果。他自己说：

　　精神委顿之至，年未五十而早衰如此，盖以禀赋不
　　厚，而又百忧摧撼，历年郁抑不无闷损。

　　余自三十时，即不能多说话，至数十句，便气不接
　　续，神尤困倦，今已三十余年，故态不改。

　　细思近日之所以衰颓，固由年老精力日衰之故，亦

由围棋太多，读书太久，目光昏涩，精神因之愈困。

早起吐血数口，不能静养，遂以斫丧父母之遗体，一至于此！再不保养，是将陷入大不孝矣。将尽之膏，岂可速之以风？萌蘖之木，岂可牧之以牛羊？苟失其养，无物不消，况我之气血素亏者乎？（以上各条俱见日记）

以上几段，都是他身体衰弱的明证。因此他对养生之法，时时留意，时时研究。遗留下来的，虽至今日，有许多还是价值不磨。他曾说，养生家之法，莫大于"惩忿窒欲，少食多动"八字。这八个字要算他全部养生之纲领。在这个纲领之中，前四字可称为静的养生法，后四字可称为动的养生法。兹先说他静的一部分。他说：

今惟有日日静养，节嗜欲，窒思虑。

每日静坐时许，以资调摄。

因咳嗽，勉强静坐数息，果有效验，可停一二刻不咳。静坐良久，间以偃卧，直至灯时，觉咳痰微减矣。

　　黄静轩劝我静坐凝神，以目光内视丹田，因举四语要诀曰："但凝空心，不凝住心；但灭动心，不灭照心。"又称二语曰："未死先学死，有生即杀生。"有生，即妄念初生；杀生，谓立予铲除也。又谓此与《孟子》勿忘勿助之功相通。吾谓与朱子致中和一节之注亦相通。

　　午正，数息静坐，仿东坡《养生颂》之法，而心粗气浮，不特不能摄心，并使身不少动摇而不能。（以上各条均见日记）

　　"忿欲"二字，原来最足以摧残身体。他尝说："胸多抑郁，怨天尤人，不特不可以涉世，亦非所以养德；不特无以养德，亦非所以保身。"《淮南子》曰："人大怒破阴，大喜坠阳，大忧内崩，大怖生狂。"（《精神训》）自今日言之，"忿欲"二字最足以伤损神经，神经受伤而成疾病，就不是药石之力所能奏其效了。中国古代学者，很看重这一点，所以主张养生莫善于寡欲，诚以欲望无穷，一纵即不可制止，而结果未有不损伤性命者。平常我们精神妄用于"忿欲"二字上面者，盖不知凡几矣。不必忿怒者，辄忿怒了；不必思虑者，辄思虑了，以至精神萎靡，神志昏愦，身体羸弱多病，皆由这个惟一的原因。要救济这个病源，其根本办法则为静坐。前章已经说过静坐在修养上占重要的地位，无论养心、养体，都是舍静坐更无下手处。盖静坐对于邪念忿欲等，要算是一个正本清源的救济。所以凡言修养者，莫不重视静坐，至少可使神经休息，心志得所韵养，把我们这营营扰扰憧憧往来的精神，可使得到暂时安慰，是乃最好的调摄方法。前引黄静轩所说的那几句话，就是说静坐时不要生妄念，若生妄念，随时就把它铲除。但是靠什么东西去知道妄念？就是他所谓"照心"。当我们静坐的时候，总难免时起妄念，忽然自己感觉妄念在缠绕，这感觉便是照心。把妄念铲除去了，胸中空无所有，宛然无思无虑的境界，便是所谓"空心"。但是久染世尘，心气总不免粗浮，静坐时往往身体摇动，妄念横生（此中境界须亲自习验始能深知）。所以初生的时候，总得有点凭借，佛教的撞钟、数佛珠、读阿弥陀佛，泰半是为的制止杂念，进一步才讲到坐禅。曾氏的静坐数息——数自己的鼻息，我以为也是静坐初步的办法。习之稍久，仍以"静坐凝神，目光内视丹田"为佳，此中效验确有却病养性之功，青年曷尝试之？他曾说："养生之道，'视息眠食'四字最为要紧。息必归海，视必垂帘，食必淡节，眠必虚恬。归海谓藏息于丹田气也；垂帘谓半视不全开，不苦用也；虚谓心虚而无营、腹虚而不滞也。仅此四字，虽无医药丹诀，而足以却病矣。"这几句可算他静的养生法之结论。至于动的养生法，有一部分是承继他的祖传，也有一部分是他自己研究出来的。兹引其要言如下：

起早亦养生之法，且系保家之道。从来起早之人，无不寿高者。吾近有二事效法祖父，一曰起早，二曰勤洗足，似于身体，大有裨益。（咸丰十年三月初四日致澄侯沅浦弟）

吾兄弟体气，皆不甚健，后辈子侄，尤多虚弱，须宜于平日讲求养生之法，不可于临时乱投药剂。养生之法，约有五事：一曰眠食有恒，二曰惩忿，三曰节欲，四曰每夜临睡洗脚，五曰每日两饭后，各行三千步。（日记）

吾见家中后辈，体皆虚弱，读书不甚长进，曾以养生六事勖儿辈：一曰饭后千步。一曰将睡洗脚。一曰胸无恼怒。一曰静坐有常时。一曰学射有常时，射足以习威仪、强筋力，子弟宜多习。一曰黎明吃白饭一碗，不沾点菜。——此间闻诸老人累试，毫无流弊，今亦望家中诸侄试行之。（同治十年十月廿三日致澄侯沅浦弟书）

这几段系散见于他的家书中，故颇有互相重复之处。归纳起来，除前面已述之静坐惩忿窒欲等外，约有下列数事：（1）早起。（2）眠食有定时。（3）学射有定时。（4）每饭后行三千步。（5）临睡洗足。这几件事，即拿现在科学眼光去衡量，也不失为卫生要道。且此数事都不是消极养生法：习射与饭后散步都是锻炼身体、强健筋骨的积极动作；早起可以去故纳新；洗足可以舒畅血液；眠食有时，可以节制劳逸；惟所谓黎明吃白饭一碗，或系湘老如是云云，恐未必真能办到，即曾氏子孙，似亦未遵行。他更有一个主张，就是有病勿投药剂，这是他祖父星冈公的家法，不相信医药。原来中国有句成语，叫作"不药得中医"。意谓吃药固有时会吃好，也有时会把病吃得更坏了。医学未明，生命送在庸医之手者，当然不一而足，所以他只主张平时讲求养生之法，而极力反对医药，大概他家不用医药，至少有三四代，这是他的家风。

自今日视之，他所谓养生之法，都可算平淡无奇，然养生之道，在行之有恒，而不在言之高远。这几件事，他可算行之终身，未尝或辍，且其最大妙用，在利用闲暇时间，饭后散步，临睡洗足，都不费工夫，而能得到实益。我们对他所指示的数种，除习射一项，应改成拳术或他种柔软操法外，都未尝不可一一仿行。苟能持之以恒，再稍师其静坐惩忿之意，则养生之道，思过半矣。

如此行去，有什么功效呢？我们且慢说其高远，但拿曾氏自己做个标准，就可见其大概了。他身体是如彼的羸弱，然而因为养生之故，在戎马倥偬之间，劳苦数十年，治军治民，治家自治，事无巨细，他都运用心思。更于做事之外，做了许多学问，这已不是常人精力所能胜任，然而以他那种羸弱之躯，行数十年而不倦，就不能不令人惊叹他养生之道的功效了。即以其暮年而论，好像就未见他的衰老之象。他虽然只活六十二岁，但是他竟是无疾端坐而终，这是何等快乐的事？我以为第一就是他清心寡欲的功效，其次就是他日常身体修养的功效。所以他尝说：

> 身体虽弱，却不宜过于爱惜，精神愈用则愈出，阳气愈提则愈盛，每日做事愈多，则夜间临睡愈快活；若存一爱惜精神的意思，将前将却，奄奄无气，绝难成事。

> 古人患难忧虞之际，正是德业长进之时。其功在于胸怀坦夷，其效在于身体健康。圣贤之所以为圣贤，佛家之所以成佛，所争皆在大难磨折之日，将此心放得实，养得灵，有活泼泼之胸襟，有坦荡荡之意境，则身体虽有外感，必不至于内伤。

> 书味深者，面自粹润；保养完者，神自充足。此不可伪为，必火候既到，乃有此验。（以上各条均见日记）

此处见到他锻炼身体，完全是积极的精神，对自己全无姑息宽纵的态度。平常所谓身体虚弱的人，恐怕就有很大部分是由于自己爱惜太过，保养太过，遇事总是不愿多用自己心力，正是所谓"将前将却，奄奄无气"，以为这是保养了，而不知如此下去，愈保养乃愈虚弱，神气必日沮丧。他所谓"精神愈用则愈出，阳气愈提则愈盛，每日做事愈多，则夜间睡觉愈快活"，这是他由经验得来的成绩，身体虚弱的人们最宜取法。

大抵平常器量浅窄的人，稍遇折磨，便会戕贼身心，忧郁怨尤，疾病乃乘虚而入，这是常人不健康的最大原因。如能胸怀坦夷，则患难忧虞之际，正德业长进之时，身体健康，尚是末事，稍有外感，又何足患？然此等境界，确非易致，圣贤仙佛，所争都只在这活泼泼的胸襟、坦荡荡的意境，而这种胸襟与意境，又不是可以勉强作为，必火候既到，乃有此验。他说："书味深者，面自粹润；保养完者，神自充足。"此可见学养既到，身体上自然而然的就有一种充满粹润的表现，不容做作，亦不容隐藏。说到这里，我们可以见得身体的修养与精神的修养原属一贯，二者互为表里，未可有所轩轾于其间也。

第三编　治　事

第六章　治事的精神

曾氏生平学问，泰半是从事业上磨炼得来的，而事业之所以昭著，则又得力于其学问涵养，二者颇有相互为用之妙。在他的意思，学问不经事业的磨炼，终不能切于实际；事业不经学问的陶镕，则不学无术，终不能建诸久远。所以治事的精神，在他整个的学问中，占最大的地位。他生平事业，可分治家、治军、从政数端，以下将分章详述，本章先言其治事精神。他所以能在昏庸多忌的满洲政府之下，以一书生而能削平大乱，位极人臣，使一班亲贵虽欲中伤而无可语者，就因为他有这种治事的精神。他综揽东南军政大权，转战数千里，网罗各项人才，而各项人才无大小，莫不心诚悦服，欣然就范者，也是因为他有这种治事的精神。这种治事的精神，虽然时过境迁，但是其价值仍多不朽。

他治事精神中最重要的就是凡事立有确定规模，规模确定之后，便认定目标向前做去，方法虽变，而规模则始终不变。大概有了规模，不但可以督励他人，使努力前进，并且可以督励自己，使勿松懈。好逸恶劳，人之恒情，不有一个规模做限制，恐怕任何人都不容易始终不懈。现在各机关、各工厂，都规定做工时间及其他种种条例，便是所谓规模。故大至一个国家，小至一个自己，这规模都是绝不可少。不过所谓规模，是不是合乎事实，假如不合乎事实，自己一方面徒是执意孤行，在别人则正人远去，邪曲阿从，如此不但不成为规模，并且要因之偾事了。曾氏的规模如何呢？他说：

凡天下庶事百技，皆先立定规模，后求精熟。即人之所以为圣人，亦系先立规模，后求精熟。即颜渊未达一间，亦只是欠熟耳！故曰：夫仁，亦在乎熟之而已矣。（日记）

古之成大事者，规模远大与总理密微，二者缺一不可。弟之总理密微，精力较胜于我……至规模宜大，弟亦讲求及之；但讲阔大者，最易混入散漫一路，遇事颟顸，毫无修理，虽大亦悉足贵？等差不紊，行之可久，斯则器局宏大，无有流弊者耳。（咸丰七年十月初四致沅浦弟）

我辈办事，成败听之于天，毁誉听之于人，惟在己之规模气象，则我有可以自立者，亦曰：不随众人之喜惧为喜惧耳。（批牍）

寸心郁郁不自得，因思日内以金陵宁国危险之状，忧灼过度，又以江西诸事掣肘，闷损不堪，皆由平日于养气上欠工夫，故不能不动心。欲求养气，不外"自反而缩，行慊于心"两句。欲求行慊于心，不外"清""慎""勤"三字，因将此三字各缀数句为之疏解。"清"字曰：无贪无竞，省事清心，一介不苟，鬼伏神钦。"慎"字曰：战战兢兢，死而后已，行有不得，反求诸己。"勤"字曰：手眼俱到，心力交瘁，困知勉行，夜以继日。此十二语者，吾当守之终身，遇大忧患、大拂逆之时，庶几免于尤悔耳。（日记）

这几段中看得他主张凡百事务，都应先立定规模，把规模确定了之后，就一心一意地在这规模上求精熟，无论一切阻碍困难、成败毁誉，与夫众人之喜惧，都听其自然，不稍改变自己的规模。大概凡百事务的一种规模，就等于海船开驶的方向，办事主体的人，就是舵工，其他办事人员，应该在同一规模之下，共同努力，就等于船员与舵工同在一方向上把船向前开驶。在这种情形之下，虽然遇着风浪，遇着逆水，都不应该改变它原定的方向，这是办事的先决问题。他说"我有可以自立者"，就是指此。他是凡百事务都有一定规模，治家、治军、从政、修己……都在这种精神上努力前进。然而他的规模究竟是如何呢？总说一句，就是"自反而缩，求慊于心"。条分之则可以说在他自己方面，是拿"清""慎""勤"三个字做自励的规模；在办事方面，则立定远大与密微两个规模。远大就是凡事从大处着想，密微是凡事从细处着手，如是然后才可以不散漫、不颠顸、不至毫无条理，而可以行之久远。然而这几句话，看起来似乎容易，行起来倒有些为难呢。因为凡事莫不有其阻碍与困难，毁誉与成败，假如意志不坚、心地不坦、器量不大，都不免要变成一纸空文，毫无实际，不然便要流弊百出，至于偾事。此中枢机，只在少数人的胸臆之间，而影响之巨，有时竟达乎四海之内，因此我们明白他拿"自反而缩，求慊于心"一语，做一切规模的规模，是有至理存焉。他自己是如此了，是不是因此即可以化及部属、化及全国呢？当然有时也靠不住。那么怎样去保全他这个规模，贯彻他这个精神呢？我觉得他有一个始终不变的常度，这个常度就是贯彻他一切规模的利器。这常度的内容，就我所观察，可分为三项：（1）诚拙的态度。（2）宏大的器量。（3）严密的考查。这三件事组成他的常度。他终其生未尝稍变，他的学风、他的办事规模、他的人生，都建筑在这个常度上。怎样是诚拙的态度呢？他说：

> 凡办一事，必有许多艰难波折，吾辈总以诚心求之，虚心处之。心诚则志专而气足，千磨百折而不改其常度，终有顺理成章之一日；心虚则不动客气，不挟私见，终可为人共亮。（日记）

凡办公事，须视为己事，将来为国为民，亦宜处处视为一家一身之图，方能亲切。（日记）

君子之道，莫大乎以忠诚为天下倡。世之乱也，上下终于亡等之欲，奸伪相吞，变诈相角，自图其安而予人以至危，畏难避害，曾不肯捐丝毫之力以拯天下，得忠诚者起而矫之，克己而爱人，去伪而崇拙，躬履诸艰而不责人以同患，浩然捐生，如远游之还乡，而无所顾悸。由是众人效其所为，亦皆以苟活为羞，以避事为耻。呜呼！吾乡数君子所以鼓舞群伦，历九州而戡大乱，非拙且诚者之效欤？亦岂始事时所及料哉？（《湘乡昭忠祠记》）

即此数语，已可见得他诚拙的态度。大概规模确立之后，他便诚心求之，虚心处之，无论千磨百折而不改其常度。他相信只要自己脚跟立得稳，终有顺理成章之一日，所以他虽历经靖港之败、湖口之败、南昌之困、祁门之困，但是他的常度不稍变，志气不稍屈，而终成一代中兴事业。他自信心是如此的诚笃，希望心是如此的远大，所以视公事如己事，视国事如家事。平常人所以易挟私见，易动客气，甚至稍稍得意，便趾高气扬；稍稍失意，便心灰意冷，流于颓废。我都以为是器量太浅，缺少自信心而时时希望取巧的缘故。我们看看曾氏这种诚拙的精神，应增长不少的自信心与勇气。曾氏所以能如此者，固然是赖有诚笃的自信心与远大的希望心，但是所以能如此者，却又因为他有过人的器量，始能容纳远大的希望，始能有一夫不获时予之辜的胸怀。不然，智虑不离乎钟釜，慈爱不外乎妻子，则一旦妻子欢娱童仆饱，便心意满足，不顾其他。这种人要他有多大的抱负，则根本这抱负即无所容载，这是器量的关系，所以孔子说："斗筲之人，何足算也！"便是说器量褊狭的人，没有出息。所谓器量宏大，就是要能多所容纳，一方面要容纳自己最大的抱负，一方面还要容纳他人的臧否得失。我们看他所为《昭忠祠记》与他平时的言论主张，处处都见得是要以忠诚为天下倡，处处要以诚拙精神挽救天下颓风，简直守先待后，舍我其谁之概。在他日记中有这样一段：

古人办事掣肘之处，拂逆之端，世世有之，人人不免。恶其拂逆，而必欲其顺从，设法以诛锄异己者，权臣之行径也；听其拂逆而动心忍性，委曲求全，且以无敌国外患而亡为虑者，圣贤之用心也。吾正可借人之拂逆，以磨砺我之德性，其庶几乎？

这种器量，是何等伟大！非以圣贤自期者，其孰能之！他既已如此动心忍性、委曲求全了，而犹日夜自责，惟恐失于狭隘而不能容物，所以在他日记中又有这样一段：

五更醒，辗转不能成寐，盖寸心为金陵宁国之贼忧悸者，十分之八，而因僚属不和顺、恩怨愤懑者，亦十之二三。实则大乱之时，余所遇之僚属，尚不十分傲慢无礼，而鄙怀忿恚若此，甚矣余之隘也！余天性褊急，痛自刻责惩治者有年，而有触即发，仍不可遏，殆将终身不改亦！愧悚何已！

这又是何等待人宽而责己严。拿这种精神去办事，还有不成功之理吗？常人办事，所以不能顺理成章，是因为未能真正精诚团结，而所以不能精诚团结，莫非恶人之拂逆己意，必欲使天下之人皆顺从我而后始快于心。于是凡不顺从我者，皆设法以诛锄之，其结果则使一世之人，皆鲜廉寡耻、阿附求容，正气日益消亡，社会日趋下流，而自己亦终不免于权臣之行。故凡担当天下大事者，必具有能容天下之量，则人之拂我、逆我者，皆可借为磨砺德行之工具，然自曾氏以后，就未多见了。

器量宽大，并不是松懈放任。随部属如何办理，则一切事务都要废弛了，尚何规模常度之可言？他的个性很严肃，又很精细，又不畏烦剧，事无大小，似乎都要经他的考察。他谓治事之法，以身到、心到、眼到、手到、口到为主。他说：

身到者，如作吏则亲验命盗案，亲查乡里，治军则亲巡营垒，亲冒矢石是也。心到者，凡事苦心剖析，大条理、小条理、始条理、终条理，先要擘得开，后要括得拢是也。眼到者，着意看人，认真看公牍是也。手到者，于人之长短，事之关键，随笔写记，以备遗忘是也。口到者，于使人之事，警众之辞，既有公文，又不惮再三苦口丁宁是也。（见全书杂著二）

又曰：莅事之始，其察之也不嫌过多，其发之也不宜过骤，务求平心静气，考校精详，视委员之尤不职者，撤参一二员，将司役之尤无良者，痛惩一二辈。袁简斋云："多其察，少其发。"仆更加一语云："酷其罚。"三者并至，自然人知儆惧，可望振兴。（日记）

此处最见到他治事精神的，就是所谓身到、心到、眼到、手到、口到，照这样做去，不但自己所经历的事不会有丝毫的差错，即属员亦无从松懈。这种精神可以说出乎他的天性，也可以说这是维持他办事规模的主要因素。所以这种严肃的治事精神，它是无时不在。他常说："多赦不可以治民，溺爱不可以治家，宽纵不可以治军。"然而他虽是如此的严肃，却完全是以事为主，只求事能办得好，不是要以苛刻待人。所以察之虽不嫌过多，发之则不宜过骤，务使事体办好，而人心咸服，非至万不得已，不轻言罚，然苟一罚，则又不妨其酷，盖欲儆一以惩百也。他所谓务求"平心静气，考校精详"，这是完全以宽厚之心行严肃之政，惟恐自己稍有意气，稍有粗心，以致考察失实，而误正事。谨慎如此，诚拙如此，人又焉有不服，焉有不感发兴起，戮力从公之理呢？此处我们见得他为常人所不能及者有两件事：一是不怕烦剧，一是不存意气。不怕烦剧，故能遇事周密，不至稍有弛懈；不存意气，故能一秉至公，而无所恩怨。常人既怕烦剧，故凡事皆多草草，及稍稍溃败，又复轻动意气，于是赏罚恩怨，皆不能出于大公，事业之败，胥由于此。我们看曾氏办事的精神，先立定了规模，次守之以常度——诚拙的态度、宽宏的器量、严肃的考察，而又继之以始终不懈的精神，故对事的本身上，是得到知人晓事、履险如夷的功效，并且于治事之外，得到作育英才的佳果。何谓知人晓事呢？他说：

居高位以知人晓事二者为职，知人诚不易学，晓事则可以阅历电勉得之。晓事则无论同己异己，均可徐徐开悟，以冀和衷。不晓事则挟私固谬。秉公亦谬；小人固谬，君子亦谬；乡愿固谬，狂狷亦谬。重以不知人，则终古相背而驰，决非和协之故。故恒言皆以分别君子小人为要，而鄙论则谓天下无一成不变之君子，亦无一成不变之小人。今日能知人晓事，则为君子；明日不知人不晓事，则为小人。寅刻公正光明，则为君子；卯刻伪私晻暧，则为小人。故群毁群誉之所在，下走常穆然

深念，不能附和。（书札）

大抵莅事以"明"字为第一要义，明有二：曰高明，曰精明。同一境，而登山者独见其远，乘城者独见其旷，此高明之说也。同一物，而臆度者不如权衡之审，目巧者不如尺度之精，此精明之说也。凡高明者欲降心抑志，以遽趋于平实，颇不易易，若能事事求精，轻重长短，一丝不差，则渐实矣，能实则渐平矣。（批牍）

此处见得知人晓事之重要。他说，知人诚不易学，而晓事则可以黾勉得之。大概所谓晓事者，就是明晓事理之所以然，与事理之所当然。这件事虽然亦非易易，但是历事既久，经验渐增，即是晓事的途径。至于知人，则非自己的学问、涵养、识见、才能，都有以超过对方的人，则不足以知之，所以这件事不是容易学来的。综这两件事可以归纳成一个"识"字。他曾说："凡办大事以识为主，以才为辅。"我以为知人晓事就是"识"的注脚，办事尤其是办大事的人，假如没有知人晓事之识，则人之短长，事之是非，都冥然不明于心，处理自是无一是处，纵一秉至公，然事理不明，鲜不失当，将终不免于谬误。他所谓莅事以"明"字为第一要义，明也就是识。他的识见能远大，能深察，便是所谓高明与精明。以高明、精明的眼光，去知人晓事，自然人无不知，事无不晓，而每事都可归于平稳踏实的地位。这两件事——知人、晓事，可算是曾氏生平的特长，而尤其是知人一项，他简直是神乎其技。许多人被他一见之下，可以察识终身，见其仪表，可以察其内心，更是无从隐秘，不知者以为他是精于相术，实则是他学问、涵养、才识、阅历，有过人处，故一入眼帘，即能知其为何如人。他生平得力于此者至夥，兹录薛福成一段如下：

曾国藩知人之鉴，超轶古今。或邂逅于风尘之中，一见以为伟器；或物色于行迹之表，确然许为异才。平日持议，常谓天下至大，事变至殷，决非一手一足之所能维持，故其振拔幽滞，宏奖人才，尤属不遗余力。尝闻江忠源未达时，以公车入都谒见，款语移时，曾国藩目送之曰："此人必立名天下，然当以节烈称。"后乃专疏保荐，以应求贤之诏。胡林翼以枭司统兵隶曾国藩部下，即奏称才胜己十倍，二人皆不次擢用，卓著忠勤。曾国藩经营军事，卒赖其助，其在籍办团之始，若塔齐布、罗泽南、李续宾、李续宜、王珍、杨岳斌、彭玉麟，或聘自诸生，或拔自陇亩，或拔自营伍，均以至诚相与，俾获各尽所长，内而幕僚，外而台局，均极一时之选。其余部下将士，或立功既久而浸至大显，或以血战成名。临敌死绥者，尤未易以悉数。最后遣刘松山一军入关，曾国藩拔之列将之中，谓可独当一面，卒能扬威秦陇，功勋卓然。

这一段是薛氏身历其事，记述最为亲切。写他知人之明，可谓透彻无遗。吾人读薛氏叙《曾文正公幕府宾僚》一文，更知他对各项人才，兼收并蓄，而处理得当，使人人得尽所长，莫不死心塌地，竭尽忠忱。固然是他伟大的人格感化力之深，然亦由其英明卓识，超乎常人，使才大者不得不心悦诚服，才小者不敢不死心塌地。曾氏更能量其才器而任以适当之事，此为曾氏治事精神上最得力之点。我们骤然看去，总觉得他这知人之明，未免太神奇了，究竟他有什么神通呢？他用什么方法去看人呢？现在还是拿他自己的言论来证明，庶乎比较的切实。他说：

> 观人之法，须有操守而无官气，多条理而少大言为主……尤以习劳为办事之本，引用一班能耐劳苦之正人，日久自有大效。（咸丰十年七月初八日致沅季弟）

> 观人之道，以朴实廉介为质，有其质而傅以他长，斯为可贵，无其质，而长处亦不足恃。甘受和，白受采，古人所谓无本不立，义或在此。（日记）

　　凡人才高下，视其志趣：卑者，安流俗庸陋之规，而日趋污下；高者，慕往哲隆盛之轨，而日即高明。贤否智愚，所由区矣。

　　大抵人才约有两种：高明者好顾体面，耻居人后，奖之以忠则勉而为忠，许之以廉则勉而为廉，若是当使薪水稍优，夸许稍过，冀有一二人才出乎其间，不妨略示假借。卑琐者本无远志，但计锱铢，驭之以严则生悍，防之以宽则日肆，若是者当俾得循循于规矩之中。（日记）

　　此处所云观人之法，自然不能代表他观人的全体，但是至少可以借此而知其大概了。在他言论之中，我们可以知得他的观人标准只有两事：一曰操守，二曰志趣。操守是一个人的骨子，所谓为人之本，以朴实廉介为主。志趣是一个人格局器量的表现，志趣不远者，纵有操守，亦不过成为硁硁自守之士。有了朴实廉介的操守，又有高远的志趣，再能习苦耐劳，有条理而少大言，自然是上等的人才。其次则志趣高明，而稍欠切实，顾体面而耻居人后，此种人则全恃用之者如何调度，使之心满意足，勉为其大，亦往往能于此等人中获得英才。若遗弃之，或委屈之，则将自伤郁抑，终于不能自振。所以他主张对这等人，应该略示假借，使自奋发。最坏的是根本无所谓操守，于是乎投机取巧，无所不为，而志趣亦决不会高远，总是安于流俗庸陋之规，而日趋污下，但计锱铢而已。这等人只好请他做机械工作，使循循于规矩之中。故人才以操守为最重要，操守是有颠扑不破的认识，有坚忍不拔的精神，有学养，有抱负，合则留，不合则去，不为威逼，不为利疚。乱世之士，有此操守者，最为难得；然真正人才，又必取于此等人中，始能靠住。他用这种观人之法，又济之以他自己的学养经历，所以才力大小、贤否智愚，都逃不了他的观察。凡有一长，均可得用，但是天下哪里有许多人才，为他察识举用？到人才不足的时候，又将如何呢？他也很顾虑到这一点，所以他一面自负提擢人才之责，一面又自负作育人才之责。他当时所用的一班人才，何尝全是已成之才？恐怕大多数还是由他作育成功的呢！薛福成曰：

> 曾国藩谓人才以培养而出，器识以磨炼而成，故其取人，凡于兵事、饷事、吏事、文事，有一长者，无不优加奖借，量才录用。将吏来谒，无不立时接见，殷勤训诲。或有难办之事，难言之隐，鲜不博访周咨，代为筹划，别后驰书告诫，有师弟督课之风，有父兄期望之意。非常之士，与自好之徒，皆乐为之用。虽桀骜贪诈若李世贤、陈国瑞之流，苟有一节可用，必给以函牍，殷勤讽勉，奖其长而指其过，劝令痛改前非，不肯遽尔弃绝，此又其怜才之盛意，与造就之微权，相因而出者也。（《庸盦文集》）

他作育人才的殷勤诚恳，至于如此，他认定人才是可以由在上者造就成功，而人才又至为难得，故不敢求备于一人，而凡有一节可用者，即不肯遽尔弃绝。他尝说：

> 十室之邑，有好义之士。其智足以移十人者，必能拔十人中之尤者而材之；其智足以移百人者，必能拔百人之尤者而材之。然则转移习俗，而陶铸一世之人，非特处高明之地者然也。凡一命以上，皆与有责焉者也。（《原才》）

由此可见他自负之大，望才之殷，而不敢丝毫忽略了。他又说：

> 天下无现成之人才，亦无生知之卓识，大抵由勉强磨炼而出耳。

> 人才非困厄则不能激，非危心深虑则不能达，无盘根错节则利器莫由显著。

> 求人之道，须如白圭之治生，如鹰隼之击物，不得不休。又如蛛之有母，雉之有媒，以类相求，以气相引，庶几得一而可及其余。

古圣人之道，莫大乎与人为善。以言诲人，是以善教人也；以德薰人，是以善养人也，与人为善之事也。然徒与人，则我之善有限，故又贵取诸人以为善，人有善则以益我，我有善则与以益人，连环相生，故善端无穷，彼此挹注，故善源不竭。君相之道，莫大乎此；师儒之道，亦莫大乎此。仲尼之学无常师，即取人为善也；无行不与，即与人为善也；为之不厌，即取人为善也；诲人不倦，即与人为善也。念忝窃高位，剧寇方张，大难莫平，惟有就吾之所见，多教数人，因取人之所长，还攻吾短，或者鼓荡斯世之善机，因以挽回天地之生机乎？（以上各条均见日记）

这几段话，与薛福成的言论，正相印证。他作育人才之作用，在与人为善，取诸人以为善，此二事是循环相生，人我受益，而其机枢则在君相师儒。质言之，即是靠在上者的提携造就，则不患天下没有人才了。他尝说：

今之在势者，辄曰天下无才，彼自尸于高明之地，不克以己之所向，转移习俗，而陶铸一世之人，而翻谢曰"无才"，谓之不诬，可乎否也？（《原才》）

他觉得所谓无才，是我们自己没有去造，没有去求，若能以类相求，以气相引，则天下人才，自然联袂而至，善源不绝，这便要看在势者作育的精神如何了。平常所谓在势者，总是会说一句现成话："天下无才。"实则自己不去作育人才，甚至戕贼天下之才，使一世之人，皆阿附求容，毫无操守，一旦偾事，则咎天下无才，真是"谓之不诬，可乎否也"，不知天下无现成之人才，亦无生知之卓识，大抵是由培养激砺而成，必须在势者求才之心，有"不得不休"之诚，然后人才始乐为之用。所谓鼓荡斯世之善机，挽回天地之生机，其消息固往往操于一二人之心机。而其主要条件，则在具有大公无我之精神，稍有私心者，即不能胜。私利固不可，私善亦不可。必真能与人为善，取诸人以为善，只在求善，不分人我，如是然后可以作育人才，亦始可以收用人才。苟有所私，则必欲使天下美名美事，尽出于己而后快。事实不能如此，则将害人之善，妒人之才，务使天下之才，尽出己下。于是人才愈绌，世风愈下，所谓在势者，亦无以自全。当清之中叶，洪杨未起之时，国内情势，正是如此。满人窃居高位，妒害汉族人才，无所不用其极，其意欲使整个汉族才能，尽在满人之下。是以千方百计，妨闲妒害。至道光年间，天下人才，真个快销亡了，而清朝整个江山，亦无以自保。及洪杨变起，全体满人皆无办法，始有肃顺、文庆等力主重用汉人，因得扶此危局，然满廷宵小，犹自大大不平。故曾国藩初出山时，天下几乎奄无生气，由他作育提携，始获人才辈出，共挽危局之效。我们看他在道光三十年《应诏陈言疏》内所描写当时社会情况，最为透彻。

　　人才循循规矩准绳之中，无有敢才智自雄、锋芒自逞者。然有守者多，而有猷有为者渐觉其少，大率以畏葸为慎，以柔靡为恭。京官之办事通病有二：曰退缩，曰琐屑。外官之办事通病有二：曰敷衍，曰颟顸。退缩者同官互推，不肯任怨，动辄请旨，不肯任咎是也。琐屑者利析锱铢，不顾大体，察及秋毫，不见舆薪是也。敷衍者装头盖面，但计目前，剜肉补疮，不计明日是也。颟顸者外面完全，而中已溃烂，章奏粉饰，而语无实际是也。有此四者，习俗相沿，但求苟安无过，不求振作有为，将来一有艰巨，国家必有乏才之患。

　　这一段描写当时政象，最为透彻，稍有才智锋芒者，都已摧残殆尽。所能容者，尽是"以畏葸为慎，以柔靡为恭"之徒。质言之，就是一班奴才而已。所以他与彭丽生书，就痛恨道："无兵不足深忧，无饷不足痛哭。独举目斯世，求一攘利不先，赴义恐后，忠愤耿耿者，不可亟得。或仅得之，而又屈居卑下，往往抑郁不伸，以挫、以去、以死，而贪饕退缩者，果骧首而上腾、而富贵、而名誉、而老健不死，此其可为浩叹者也。"当然了，举国都是奴才，都是一人一姓的奴才，哪里会产生出攘利不先赴义恐后之人呢？即有，亦绝无所容呀！在提倡奴才的时代，凡有才智锋芒者，至少都应该销声敛迹，不，简直是无生存之理吧？只有贪饕退缩者，可以骧首上腾，富贵名誉，老健不死。曾氏能见到当时社会病根在此一点，他便尽量在这一点上着力——提倡真正人才。我觉得这是曾氏有过人之识，所以能有他那种治事的精神，因而产生出当时的一辈人才，以辅助他事业的成功。

第七章 治 家

前章所述曾氏治事的精神，为其可以代表他的整个人生，故言之不厌其详。他的治事精神，除开律己之外，第一步便要数到他的治家。他们兄弟五人：曾氏居长，次国潢字澄侯，次国华字温甫，次国荃字沅甫，季国葆字季洪。他这四个弟弟之中，国潢是留在家中专理家务的，国华、国荃、国葆都由曾氏教导成人，至于显达。后来国华是死庐州三河之难的，国葆佐国荃解安庆之围，将迫金陵积劳病死。国荃攻克金陵，收戡定之大功。他们办事精神都与乃兄相仿佛。家务虽由澄侯料理，但是我们看他的家书，关于治家之道，教子之方，处处都感觉可为世法。我们更感觉他在戎马倥偬之间，万难集于一身，而对家中琐屑，犹能如此周密仔细，一方面见得他精力过人，治事的精神无乎不在，一方面也见得他对先世家风，谦守勿失，惟恐以自己地位增高，家中子弟有所仗倚，而流于骄侈，致失家风，贻误子弟。所以他对治家一事，自己虽不能在家，却无时无刻不在心头，虽在极忙之时，家信总未尝或缺，且写来总是详详细细，无微不至。

曾氏先世有很严肃的家风，多半是他祖父星冈公所铸成；星冈公虽未显达，但是治家教子，皆有成规，国藩少时，颇受熏陶，终其身未忘祖父之遗教，而其治事规模，亦大抵与其祖父类似；故尝斤斤于其祖父已成之家风，而惟恐或失。他尝说："余于起居饮食，按时按刻，各有常度，——皆法吾祖吾父之所为，庶几不坠家风。"然所谓家风，究竟如何呢？据《曾文正公大事纪》前面所载星冈公的一段言论，最可见得一般。星冈公之言曰：

吾少耽游惰，往还湘潭市肆，与裘马少年相逐，或日高酣寝，长老有讥以浮薄将覆其家者。余闻而立起自责，货马徒行，自是终身未明而起。余年三十五，始讲求农事，居枕高嵋山下，垅峻如梯，田小如瓦，吾凿石决壤，开十数畛，而通为一，然后耕夫易于从事。吾昕宵引水，听虫鸟鸣声，以知节候，观露上禾颠以为乐。种蔬半畦，晨而耘吾任之，夕而粪庸保任之。入而饮豕，出而养鱼，彼此杂职之。凡菜茹手植而手撷者，其味弥甘；凡物亲历艰苦而得者，食之弥安也。吾宗自元明居衡阳之庙山，久无祠宇，吾谋之宗族诸老，建立祠堂，岁以十月致祭。自国初迁居湘乡，至吾曾祖元吉公基业始宏，吾又谋之宗族，别立祀典，岁以三月致祭。世人祀神徼福，求诸幽邈，吾以为神之陟降，莫亲于祖考，故独隆于生我一本之祀，而他祀姑阙焉。后世虽贫，礼不可隳，子孙虽愚，家祭不可简也。吾早岁失学，壮而引为深耻，既令子侄出就名师，又好宾接文士，候望音尘，常愿通材宿儒，接迹吾门，此心乃快。其次老成端士，敬礼不忘，其下泛应群伦。至于巫、医、僧徒、堪舆、星命之流，吾屏斥之，惟恐不远。旧姻穷乏，遇之惟恐不隆，识者观一门宾客之雅正疏数，而卜家之兴败，理无爽者。乡党戚好，吉则贺，丧则吊，有疾则问，人道之常也，吾必践焉，必躬焉，财不足以及物，吾以力助焉。邻里讼争，吾常居间以解两家之纷，其尤无状者，厉辞诘责，势若霆摧，而理如的破，悍夫往往神沮。或具尊酒通殷勤，一笑散去。君子居下则排一方之难，在上则息万物之嚣，其道一耳！津梁道途废壤不治者，孤嫠衰疾无告者，量吾力之所能，随时图之，不无小补；若必待富而后谋，则天下终无可成之事矣。

这一段言论，是曾氏家风的创轫，国藩本人的条理规模，及其治家教子，都一本之于此。他与纪泽的信中尝说道："昔吾祖星冈公最讲治家之法，第一要起早，第二要打扫洁净，第三诚修祭祀，第四善待亲族邻里，凡亲族邻里来家，无不恭敬款接，有急必周济之，有讼必排解之，有喜必庆贺之，有疾必问，有丧必吊。此四事之外，于读书种菜等事，尤为刻刻留心；故写家信，常常提及书、蔬、鱼、猪四端者，盖祖父相传之家法也。"同时又把星冈公治家之法，归纳成"八字""三不信"。八字者：早、扫、考、宝、书、蔬、鱼、猪。他自己解释道：早者起早也，扫者扫屋也，考者祖先祭祀，敬奉显考王考曾祖考而妣可该也。宝者亲族乡里时时周旋，贺喜吊丧问疾济急，星冈公曰："人待人无价之宝也。"书、蔬、鱼、猪，即读书、种菜、蓄鱼、养猪也。三不信：就是不信地仙，不信医药，不信僧巫。此可以完全包括星冈公之家法了。原来中国家庭制度，过于庞杂，治家一事，自古为难，一家之中，老幼贤愚不等，问题乃自此而生。若再拘泥于什么五世同堂、九世同居一些老调，这家庭的丑剧与惨剧，便要层出不穷了。故往往有才力很好，事业很好，而家庭无办法者，实屡见而不一见。曾氏所赖以维持者，大部分就在这固有的家风；因为既成了一种风气，而又由主人躬自力行，则一家之中，将认为天经地义，虽有不肖，不敢侵犯。至于五世同堂、九世同居等话，他虽未公然反对，但是事实上他们兄弟后来都是析居的；因为这样才能洽乎人情，而保全恩爱。我们看他的家书，见他们兄弟感情的纯笃，处处足使今之有兄弟者，赞叹愧服。然其所以致此者，自然是他们兄弟之中——尤其是居长兄地位的国藩，能躬自勤俭，互相肫挚，然亦因为先世已有醇厚家风，只须恪遵勿失，即可光其余绪，然而没有国藩这样光前裕后的承嗣精神，为诸弟先，为一家表，则星冈公之遗范，亦未可知也。兹述曾氏承嗣的规模。

　　大凡做官的人，往往厚于妻子，而薄于兄弟，私肥于一家而刻薄于亲戚族党。予自卅岁以来，即以做官发财为可耻，以宦囊积金遗子孙为可羞可恨；故私心立誓，总不靠做官发财以遗后人，神明鉴临，予不食言。此时事奉高堂，每年仅寄些许以为甘旨之佐；族戚中之穷者，亦即每年各分少许，以尽吾区区之意。盖即多寄家中，而堂上所食所衣，亦不能因而加丰；与其独肥一家，使戚族因怨我而并恨堂上，何如分润戚族，使戚族戴我堂上之德，而更加一番钦敬乎？将来若作外官，禄入较丰，自誓除廉俸之外，不取一钱。廉俸若日多，则周济亲戚族党者日广，断不蓄积银钱，为儿子衣食之需。……至于兄弟之际，吾亦惟爱之以德，不欲爱之以姑息；姑息之爱，使兄弟惰肢体，长骄气，将来丧德亏行，是即我率兄弟以不孝也，我不敢也。我仕宦十余年，现在京所有，惟书籍衣服二者。衣服则当差者必不可少，书籍则我生平嗜好在此，是以二物略多。将来我罢官归家，我夫妇所有之衣服，则与五兄弟拈阄均分。我所办之书籍则存贮利见斋中，兄弟及后辈皆不私取一本。除此二者，予断不别存一物，以为宦囊，一丝一粟，不以自私，此又我之素志也。（道光二十九年致四位弟）

这一段是他治家的大规模，对父母、对兄弟、对子女、对戚党，都无微不至；尤其是兄弟之间，爱之以德，而不爱之以姑息；对儿子则惟教以自立之道，而不蓄积银钱为其衣食之需。他曾说："儿子若贤，则不靠官囊，亦能自觅衣食；儿子若不肖，则多积一钱，渠将多造一孽，后来淫佚作恶，必且大玷家声。"因此他治家精神，最主严肃。他说："治家贵严，严父常多孝子，不严则子弟之习气，日就佚惰而流弊不可胜言矣。"他因为立誓不靠做官发财，以遗后人，所以他为官十余年，衣服书籍之外，一无他物，即此区区，犹拟罢官之后，与兄弟均分。有这种坦白胸怀，自然是无所处而不当。尤其是曾氏先代，并未显赫，他一朝尊贵，最易改易门楣，堕先人余绪，而流于骄泰，则子孙淫惰，家道乃自此衰。试看今之为官者，几何不是如此？所以在他的治家规模之下，有二大端：一是积极的训导，一是消极的防止。

关于消极方面者，归纳起来，盖不出于戒骄、戒奢。大概仕宦子弟，能免此者，确不甚易。孟子曰："居移气，养移体。"左右前后，趋承奉候者，既无微不至，则其势必至于骄奢，不知稼穑艰难。故仕宦子弟，犹能勤俭谦和，忘其权势者，真是绝无而仅有了。然而亦因此之故，仕宦子弟，贤能向上，也很难得；更因此之故，仕宦之家，能维持三代四代，不堕家声者，亦不多见。而其原因，则莫不由于在势之时，子弟骄奢淫逸之所致。所以他对这两件事，真是战战兢兢，不敢或忽。他尝谓："所贵乎世家者，不在多置良田美宅，亦不在多蓄书籍字画，在乎子孙能自树立，多读书，无骄矜习气。"因此他日记与家书中，记载戒骄奢之处，不一而足，兹录数段如下。

达官之子弟，听惯高议论，见惯大排场，往往轻慢师长，讥弹人短，所谓骄也。由骄而奢，而淫，而佚，以至于无恶不作，皆从骄字生出之弊。而子弟之骄，又多由于父兄为达官者，得运乘时，幸致显宦，遂自忘其本领之低，学识之陋，自骄自满，以致子弟效其骄而不觉。（日记）

世家子弟，最易犯一奢字、傲字。不必锦衣玉食，而后谓之奢也；但使皮袍呢褂，俯拾即是，舆马仆从，习惯为常，此即日趋于奢矣。见乡人则嗤其朴陋，见雇工则颐指气使，此即日习于傲矣。（咸丰六年十一月初五日致纪泽）

子侄半耕半读，以守先人之旧，慎无存半点官气，不许坐轿，不许唤人取水添茶等事，其拾柴收粪等事，须一一为之，插田莳禾等事，亦时时学之，庶渐渐务本，而不习淫佚矣。（咸丰四年四月十四日致诸弟）

在这几段中，他把骄奢淫逸之害，完全归在一个"骄"字病根上；因为骄便会奢，便会淫，便会佚，便会无恶不作，而其总因，则又因父兄为达官时，自忘其本领之低，学识之陋，自骄自满，以致子弟效其骄而不觉。在他意思，子弟不能拾柴收粪，插田莳禾，便叫作骄；衣食俯拾即得，即叫作奢。所以他教子侄，须半耕半读，不准有半点官气，不准舆车马仆从，凡家中一切事务，均须子侄一一为之，以力戒骄奢怠惰之习。

他除严肃教子侄、恪守家风之外，更注意到子侄的婚娶。在旧式家庭中，往往因为娶得一个不贤之妇，而败坏家风者；所以他对子女嫁娶，立一个原则，叫作"嫁女必富于我，娶妇必贫于我"。其用意就是要杜绝骄奢。女子嫁到富于我之家，则自己无从骄奢；娶一个贫于我之女子来家为妇，则亦无从骄奢，而可安其家风。他说："儿女联姻，但求勤俭孝友之家，不愿与官家结契联婚，不使子弟长奢惰之习。"当时常南陔想把女儿嫁给他儿子做媳妇，他便始终不愿。他说："常家欲与我结婚，我所以不愿者，因闻常世兄最好恃父势作威福，衣服鲜明，仆从煊赫，恐其女子，有宦家骄奢习气，乱我家规，诱我子弟好逸耳。"因此他婚嫁子女，不许用多金。咸丰九年在江西军营时，有一段日记云："已刻派潘文质带长夫二人，送家信并银二百两，以一百为纪泽婚事之用，以一百为五、十侄女嫁事之用。"又崇德老人年谱云："文正公手谕嫁女奁资不得过二百金，欧阳太夫人遣嫁四姊时，犹恪秉成法，忠襄公闻而异之曰：'乌有是事？'发箱奁而验之，果信。再三嗟叹，以为实难敷用，因更赠四百金。"以一个总督婚嫁子女，简单至于如此，诚不免令人惊异，然而我觉得他是另有深意存焉。大概宦家子弟之骄奢，是乃自然趋势，所谓听惯高议论，见惯大排场，凡所遇之环境，莫不足以长其骄奢气焰，自非其子弟有过人之质，或其父兄有特达之见，鲜有不为环境所囿者。相传某世家子弟，不知民间疾苦为何事。有人告诉他："某家没有饭吃。"他说："为什么不叫厨房开呢？"其人又告诉他："因为没有钱呀！"他说："为什么不到账房去拿呢？"他自己的环境是厨房开饭，账房拿钱，于是以为天下都可如此，尚安望其勤俭守家，怜恤戚党邻里之困苦呢？所以戒骄戒奢，简直是他治家教子的开宗明义第一章。必定要这种习气扫除净尽，然后才谈到积极的诱导。

关于积极方面的训导，可归纳成功三点：其一是和睦，其二是勤俭，其三是要使家道悠久。兹分别言之如下：所谓和睦，就是要使一家之中，兄弟姒娌雍雍穆穆，然后子孙有法，家道乃昌。他说："和字能守得几分，未有不兴，不和未有不败者。"所以他给澄侯的信中，有这样一段：

> 《五种遗规》四弟须日日看之，句句学之，我所望
> 于四弟者，惟此而已。家中蒙祖父厚德余荫，我们得忝
> 卿贰，若使兄弟姒娌不和睦，后辈子女无法则，骄奢
> 淫逸，立见消败，虽贵为宰相，何足取哉？我家祖父父

亲叔父三位大人，规矩极严，榜样极好，我辈踵而行
之，极易为力。别家无好榜样者，亦须自立门户，自立
规条，况我家祖父现样，岂可不遵行之，而忍令堕落之
乎？现在我不在家，一切望四弟作主。兄弟不和，四弟
之罪也；妯娌不和，四弟之罪也；后辈骄姿不法，四弟
之罪也。……我家将来气运之兴衰，全恃乎四弟一人之
身。（道光二十七年十月十八日致诸弟）

此处因为他们排行的关系，呼澄侯为四弟，澄侯始终未出
来做事，料理家务的时期最长，故负家庭的责任亦最大。此处责
望之重，即是期望之殷。他的大目的，自然是要造成一家之中雍
容和蔼，而更大的愿望，还在使后辈子女有法则。诚然子女完全
依照父母的榜样，形成他自己的性行。父亲在兄弟行中，是不和
的，其子女亦往往互相怨怼；母亲在妯娌行中，是不和的，其女
儿嫁到人家，还会闹出妯娌不和的戏剧。这虽然不是绝对的因果
律，但是至少可以说是有极大的影响。为什么呢？就是因为朝夕
熏陶，取法太易呀。调转过来，假如父母在兄弟妯娌中，是绝对
的谦让为怀，子女自然亦熏陶成性，而无乖戾之气；而况他家已
有先代遗风，规模极好，只须遵而行之，家风即可不败，所以他
激励澄侯者，无所不至，就是惟恐兄弟妯娌之间，或因细故而伤
感情，则一切治家之道，都无所施了。

其次他所训导于家庭的，就是勤俭。"勤"字原是他整个治

学方法中的骨干。除了这个字，他的一切治学方法，都成空文；除了这个字，他的毕生事业，亦无由表现。因此他对子侄的训导，尤注意于此点。据崇德老人年谱云："同治二年，欧阳太夫人率儿女媳孙自家到安庆督署……仅携村妪一人，月给工资八百文，适袁姊有小婢一人，适罗姊则并婢无之，房中粗事亦取办于母氏房中村妪，乃于安庆以十余缗买一婢，为文正所知，大加申斥，遂以转赠仲嫂母家郭氏，文正驭家严肃守俭若此。嫂氏及诸姊等梳妆，不敢假手于婢媪也。"故在他的家书中，对于勤俭，总是反复叮咛。

> 嗣后诸男在家勤洒扫，出门莫坐轿；诸女学洗衣，学煮菜烧茶……至于家中用度，断不可不分，凡吃药染布及在省在县托买货物，若不分明，则彼此以多为贵，以奢为尚，漫无节制，此败家之气象也。务要分别用度，力求节省。（咸丰八年十一月十二日致诸弟）

> 甲三、甲五等兄弟，总以习劳苦为第一要义，生当乱世，居家之道，不可有余，财多则为患害，又不可过于安逸偷惰。……仕宦之家，不蓄积银钱，使子弟自觉一无可恃，一日不勤则将有饥寒之患，则子弟渐渐勤劳，知谋所以自立矣。（咸丰五年八月二十七致诸弟）

新妇初来，宜教之入厨作羹，勤于纺绩，不宜因其为富贵子女，不事操作。大二三诸女，已能做大鞋否？三姑一嫂，年年做鞋一双寄余，各表孝敬之忱，各争针黹之工；所织之布，做成衣袜寄余，余亦得察闺门以内之勤惰。（咸丰六年十月初二日致纪泽）

这几段见得他对家庭子侄的习勤习俭，可算无时或忘。以他这样地位，家中女子，还要洗衣煮饭纺绩针黹，男子除读书之外，还要耕种打杂。他说："子侄除读书之外，教之扫屋抹桌凳，收粪锄草，是极好之事，切不可以为有损架子，而不为也。"又崇德老人年谱云："同治七年，由湘东下，至江宁，入居新督署，文正公为余辈定功课单（课单从略），云：吾家男子于看读写作四字缺一不可，妇女于衣食粗细四字缺一不可，吾已教训数年，总未做出一定规矩。自从每日立定功课，吾亲自验功，食事则每日验一次，衣事则三日验一次，纺者验线子，绩者验鹅蛋，细工则五日验一次，粗工则每月验一次，每月须做成男鞋一双，女鞋不验。又附注云：家勤则兴，人勤则健，能勤能俭，永不贫贱。"他家庭之风勤俭如此，以视今之官太太少爷小姐，我们便要为他子女叫冤了。但是观他所谓"生当乱世，居家之道，不可有余，财多则终为患害"，则又不禁叹服其为子女之计深远，而不忍见其安逸偷惰以致无以自立。孔子云："爱之能勿劳乎？忠焉能勿诲乎？"曾氏盖深得孔子之义，是以家庭之间，一以严肃勤俭为主，皆有深意存焉。

　　还有一件，可算是他训导子弟最后目标，也可以说是他治家的当然结果，原可以不须他斤斤注意，然而他却不敢或忽；这个目标是什么呢？就是要求家道的悠久，就是要希望他的家庭气运，不要由他一世而斩。如何才能达到这个愿望呢？则须在势之时，善自惜福，而又有贤子孙者，庶乎这个愿望不难达到。他说：

> 吾细思凡天下官宦之家，多只一代享有便尽，其子孙始而骄佚，继而流荡，终而沟壑，而庆延一二代者鲜矣。商贾之家，勤俭者能延三四代，耕读之家，谨朴者能延五六代。孝友之家，则可延绵十代八代。我今赖祖宗之积累，少年早达，深恐其以一身享用殆尽，故教诸弟及儿辈，但愿其为耕读孝友之家，不愿其为仕宦之家。（道光二十九年四月十六日致诸弟）

> 居家四败：妇女奢淫者败，子弟骄怠者败，兄弟不和者败，侮师慢客者败。仕宦之家，不犯此者，庶有悠久气象。（日记）

> 平日最好以昔人"花未全开月未圆"七字为惜福之道，保泰之法。……星冈公昔年待人，无论贵贱老少，

纯是一团和气，独对子孙诸侄，则严肃异常，遇佳时令
节，尤为凛凛不可犯；盖亦具一种收啬之气，不使家中
欢乐过度，流于放肆也。余于弟营保举银钱军械等事，
每每稍示节制，亦犹本"花未全开月未圆"之义。（同
治二年正月十八日致沅浦）

悠久气象，是他治家的最大愿望，而时时存现于心目中者，
则为"花未全开月未圆"的现象。有了这个现象在心目中，更有
一个求悠久的最后目标，自然不敢想偷安逸乐，富贵骄人，并且
还要战战兢兢，以此为戒了。他有这样深远的眼光，去维持他那
世代相传的严肃家风，故其子孙亦能如其所期，代有闻人，此不
得不令人感念曾氏治家教子的精神了。

第八章　治　军

　　历史上有一个久悬不决的问题，就是英雄造时势呢？还是时势造英雄？我是笃信时势造英雄的；理由是另一个问题，此处所要述的曾国藩治军，就是一个例证。他是一个纯粹的书生，哪懂得什么军事？他既没有学习过武备，更谈不到什么军事学校；然而他却能领兵数十万，转战数千里，削平纵横十六省、绵延十五年的洪杨大难，卒成一代中兴事业，把清朝的命运，延长了五六十年之久。固然他本人有许多长处，但是不遭时势的造就，至少可以决定他不会治军的。经了时势的磨炼，他便能建此不世之功，这便完全是时势之赐，便是时代造成的人物。非但曾公，古今贤豪莫不如此。曾氏本人并不长于打仗，所以凡属他自己临阵的时候，多半是吃败仗；但是他所提擢的将官，却都能攻城、野战，叠立大功，并且死心塌地受他指挥。抄句旧话来说，也可以说他是"不善将兵而善将将"。所以我们终久不能不佩服他治军的本领。然而自另一方面说来，他又实在是毫无本领，当他以侍郎资格在籍办团练的时候，不但举国上下未料到他有那样的收获,即他自己亦决未想到他能戡此大难,恐怕更有很多人士,如满廷大臣,和当时一种腐化的官僚将士,都要对他们这一起书生表示白眼,或竟冷眼旁观,等着看他们笑话呢!我们在他批牍上曾看见这两段话:

> 贵襄办志趣坚卓,应趁劳乏艰难之时,咬定牙根,向前做去,熬过几次,众人自不敢轻量书生,不耐艰苦矣。(《批刘秉璋函》)

> 古来名将帅,亦多出于文弱书生,功之成与否,虽不敢预必,要之清洁自矢,则众不敢侮,严明驭下,则兵不敢玩,此则有志之士,可以勉力为之,立竿见影者也。圣贤豪杰,岂有种子?大半皆铢积寸累,渐作而渐近,渐似而渐成耳。(《批彭椿年呈》)

在这两段里,见到他们初起时的整个情形。在旁观者总觉一般书生,哪里能耐艰苦?因此便会时时加侮。曾氏这两段话,固然是勉励他的部属,也可以说是他自己时自警惕的衷曲。所谓咬定牙根,向前做去,熬过几次……与所谓铢积寸累,渐作而渐近,渐似而渐成,就简直是他自己为学治事的精神所在。他们就是凭着这副精神,忍辱含垢,咬定牙根,与环境奋斗,卒雪书生不耐艰苦之耻,而成戡定大功。在他所谓熬过几次的"熬"字里面，就可推想他们当时做事的困难重重与反对派的旁观讥讪了。这种情形并不是完全因他这两段话，或者这两段话中的几个字句去凭空推测的，我们只要略一考察当时的掌故，就可知道有清中叶将士的腐败和他们事业上的荆棘。试看曾氏的书札奏议和时贤的议论，均不难见到：

> 兵伍之情状，各省不同。漳泉悍卒，以千百械斗为常；黔蜀冗兵，以勾结盗贼为业；其他吸食鸦片，聚开赌场，各省皆然，大抵无事则游手恣睢，有事则雇无赖之人代充，见贼则望风崩溃，贼去则杀民以邀功，禀奏屡陈，谕旨屡饬，不能稍变锢习。（《曾奏疏》）

> 近世之兵孱怯极矣，而偏善妒功忌能，懦于御贼，而勇于扰民，仁心以媚杀己之逆贼，而狠心以仇胜己之兵勇。其仇勇也，更胜于仇兵。近者兵丁杀害壮勇之案，层见叠出，且无论其公相仇杀；即各勇与贼战殷殷之际，而各兵不一相救，此区区之勇，欲求其成功，其可得耶？不特勇也，即兵与兵相遇，岂有闻此营已败，彼营往救者乎？岂有闻此军饿死，而彼军肯分一粒往哺者乎？（曾书札《与王珍书》）

> 驱怯战之兵，日日浪战，以冀幸其一胜，军兴三

年，无一人深入贼营，探其虚实，贼营动静，无能知者。亦未闻设一奇策引其入彀。……今粤西乃弃民以尝贼，以此图功，窃所未喻。其失一也。粤军兵将卧耽鸩毒，即无疾病，亦半菱靡，选将不精，束伍不定，以此言战，何恃不恐？以此言兵，虽多奚为？其失二也。（胡林翼《通饬修筑碉堡启》）

当咸道之际，民不知兵，强寇窃发岭外，其势焱忽震荡，是时楚军、淮军，风气未开，疆臣武臣，但依疲癃涣散佣丐充数之营兵，当彼黠悍方张之寇，譬若驱群羊咋馁虎，掇桥苇以燎于洪炉，至则靡耳。（薛福成《书陆建瀛失陷江宁事》）

这几段可以写尽清朝中叶将士的腐败骄惰，不但助敌造乱，不能作战，而且善于妒功忌能。国藩他们新兴的湘勇，当然在所必忌妒仇杀之列，观其所谓兵丁杀害壮勇之案，层见叠出，可为痛心。曾忆胡林翼尝谓"胜保（满将军）每战必败，每败必以胜闻"。又谓"胜保在蒋坝残败不复能军，山东人向呼此公为败保。盖其治军也，如郑公子突所谓胜不相让，败不相救，轻而不整，贪而无亲"。举这一个满将，可以代表全体的满将旗兵了。当太平军定都江宁，琦善、和春等所率领的江北大营与江南大营，算是清廷的主力军队，然皆次第为太平军歼灭净尽。当江南大营被歼灭的时候，江北大营早已败亡，一般人莫不为清军忧虑，独左宗棠闻之叹曰："天意其有转机乎？"或问其故。曰："江南大营，将塞兵疲，岂足讨贼？得此一番洗荡，后来者始得措手。"果然，自江南大营洗荡之后，政府才死心塌地，信任曾国藩，一班满洲将吏，也才莫敢谁何，而时局也才有急转直下之势。然而曾国藩却能聚集一班书生，转移全国风气，我们倒不能不研究他治军的精神，到底是怎样一回事？

他虽然是一位书生，但是治起军来，倒不一定是书生面目。他说"读书之与用兵，判然两途"，所以他那些训练士卒的方术，和临阵制胜的策略，骤然看去，倒不免令人惊异；不过归根结底，他那根本精神，则仍是一贯。他感觉当时军队，所以抵不住用，其根本原因，就在将骄士惰，他便看定这一个病根，痛下药石。凡他自己所练的新军，第一步便要使它生气勃发，勿有丝毫骄惰之气。他说：

> 军事有骄气惰气，皆败气也，孔子临事而惧，则绝骄之源，好谋而成，则绝惰之源，无时不谋，无事不谋，自无惰时矣。（日记）

> 治军之道，以"勤"字为先……勤则胜，惰则败，惰者暮气也，常常提其朝气为要。（日记）

这可算是他治军的根本精神，常常提其朝气，就是一举一动，都要具有新兴气象，这个新兴气象的总名词，就是一个"勤"字。他尝说：

> 约束弁兵，以"勤"字为本。刻刻教督，是曰口勤；处处查察，是曰脚勤；事事体恤，是曰心勤。
>
> （批牍）

既如此时时以"勤"字为念，则所谓为善惟日不足的气象，自然无暇吸烟赌博淫佚扰民，凡此诸端，皆由了"骄惰"二字产生。平时如此骄惰，当然谈不到训练，更谈不到得民众的同情与援助。如此，一朝遇战，安得不望风崩溃？所以曾氏治军的秘诀，在积极方面，惟在一个"勤"字；在消极方面，则勿骄勿惰。他所谓去其暮气，提其朝气，这便是一个易知易行的下手工夫。至于具体的治军精神，归纳起来，有下列各点：（1）在主张上能使将士与敌派绝对不并立，即是要将士有彻底打倒敌派主张的敌忾精神。（2）要在生活上能使将士与敌派绝对不并存，即是要将士有彻底肃清敌派党徒的攻击的精神。（3）要在行动上能使将士与人民打成一片，即是要将士有纪律，不扰民，更进而能与人民合作杀贼。（4）要军队的长官与士兵，官长与官长，士兵与士兵，都有协同动作的精神，即是要军心不为敌派所动摇，作战不为敌派所各个击破。（参阅陈著《胡曾左平乱要旨》第四章）

用这种精神去治军，军队的成绩如何呢？他有一个理想：

> 仆之愚见，以为今日将欲灭贼，必先诸将一心，万
> 众一气，而后可以言战，而以今日营伍之习气，与今日
> 调遣之成法，虽贤者不能使之一心一气，自非别树一
> 帜，改弦更张，断不能办此贼也。鄙意欲练乡勇万人，
> 概求吾党质直而晓军事之君子将之，以忠义之气为主，
> 而辅之以训练之勤，以庶几于所谓诸将一心万众一气
> 者，或可驰驱中原，渐望澄清。(《与王珍书》)

> 鄙意欲练勇万人，呼吸相顾，痛痒相关，赴火同
> 行，蹈汤同往。胜则举杯酒以让功，败则出死力以相
> 救。贼有誓不相弃之死党，吾官兵亦有誓不相弃之死
> 党，庶可血战一二次，渐新吾民之耳目，而夺逆贼魂
> 魄。自出省以来，日夜思维，目今之急，无逾于此。
> (《与文任吾书》)

> 近日官兵在乡，不无骚扰，而去岁湘勇有奸淫掳掠
> 之事，民间倡为谣言，反谓兵勇不如贼匪之安静。国藩
> 痛恨斯言，恐民心一去，不可挽回，誓欲练成一旅，秋
> 毫无犯，以挽民心，而塞民口。每逢三八演操，集诸勇
> 而教之，反复开说，至千百语，但令其无扰百姓……盖

> 欲感动一二，冀其不扰百姓，以雪兵勇不如贼匪之耻，
> 而稍变武弁漫无纪律之态。（《与张亮基书》）

这是他所希望的理想成绩；但是这种理想，还能在不如贼匪之旧武弁身上得到吗？当然只好别树一帜，改弦更张，庶乎可以驰驱中原，渐望澄清。要想培养出这种成绩，其最大培养剂，则在以忠义之气为主。有了忠义之气，自然会一德一心，不扰百姓，而其下手工夫，又必将其暮气涤净，朝气提起，然后才谈到训练。

训练最重要之点，便要有身体力行、以身作则的精神模范。教人不怕死，自己就得先不怕死；教人不爱钱，自己就得先不爱钱；教人不扰民，自己就得先不扰民；教人胜则让功，败则相救，朴质勤劳，沉着忍耐，与夫一切精神，为将士所不可少者，俱得先由本身一一表现出来，然后再训练他部属将领，然后再训练兵勇士卒，如此自然可以焕然一新，驰驱中原。我们看他与各将领的书札批牍，教各将领应具的气度，句句都见得出于他的肺腑，即处处见得是他自己身体力行的模范。他尝对将士说：

> 营官果能勤以自励，廉以率下，自可作士气而服众
> 心。……我教尔等，即如父兄之教子弟，字字皆我之心
> 血，切莫忽略看过。（批牍）

大概凡做领袖，尤其是军事领袖，假如不能以身作则，欲望群下确守纪律，不但在这种情形之下，根本就无纪律可守，即有，也是病的死的，所谓徒法不能以自行，所以他的态度是：

带勇之人……血性为主，廉明为用，三者缺一，若失輗軏，终不能行一步也。

为将之道，谋勇不可以强几，廉明二字，则可学而几也。弁勇之于本官将领，他事尚不深求，惟银钱之洁否，保举之当否，则众目眈眈，以此相伺，众口啧啧，以此相讥；惟自处于廉，公私出入款项，使阖营共见共闻，清洁之行，已早有以服弁勇之心，而于小款小赏，又常常从宽，使在下者，恒得沾润膏泽，则惠足使人矣。明之一字，第一在临阵之际，看明某弁系冲锋陷阵，某弁系随后助势，某弁回合力堵，某弁见危先避，一一看明而又证之以平日办事之勤惰虚实，逐细考核，久之虽一勇一夫之长短贤否，皆有以识其大略，则渐几于明矣。得廉明二字为之基，则智信仁勇诸美德，可以积累而渐臻。(《批吴廷华禀》)

当营官统领者，有四个不字诀：不要钱、不怕死、不偷懒、不扰民。(批牍)

带勇之人第一要才堪治民，第二要不怕死，第三要不急急名利，第四要耐受辛苦……大抵有忠义血性者，则四者相从以俱至；无忠义血性，则视似四者，终不可恃。

凡将才有四大端：一曰知人善任，二曰善觇敌情，三曰临阵胆识，四曰营务整齐。（咸丰七年十月廿七日与致沅浦弟）

他平时所与各镇将领的函牍，及与各将领面晤时所反复叮咛者，多不出此类议论。这是他感觉为将领者应具之气度，他觉得做大将所最不可少者，就是忠义的血性，而又处处能廉明。只要有了这个条件，则凡他所讲的四个不字诀与四大端等，均不难相纵以俱至。且将领必得具有这副气度，然后才能感动士卒，才能起士卒之信仰，才能训练士卒，率领士卒，去与敌人作殊死战。兹述其训练士卒之方术。

关于他训练士卒的规条甚多，大率散见于其杂著、批牍、书札之中，对于营哨，对于兵士，对于他们起居生活、营房驻扎、出阵攻守，均有一定规章与告诫。兵勇不识字，则制成种种歌词，如《爱民歌》《得胜歌》《解散歌》《保守平安歌》等，都是把军中最重要的规律和军人最重要的天职，用浅显生动的文字，编成歌曲，使兵士一个个口诵心维，无形中印入脑筋。虽然未必能使一个个人对一句句都发生效力，但是当他扰乱百姓的时候，忽然想到《爱民歌》，心中总会有点恻然吧！再加上营官哨官，上下一致的用一贯精神去训练，就不难如所期望了。因此他把训练事体，看得很重，训练意义，亦说得至明。他说：

> 训有二：训打仗之法，训做人之道。训打仗则专尚严明，须令临阵之际，兵勇畏主将之法令，甚于畏贼之炮子。训做人则全要肫诚如父母教子，有殷殷望其成立之意，庶人人易于感动。练有二：练队伍，练技艺。练技艺，则欲一人足御数人；练队伍，则欲数百人如一人。（《批韩进春禀》）

这几句话可算是他训练士卒的总纲。其余散见于他全书中者，更不一而足。兹录其劝诫营官四条，即可见其训练士卒的具体办法之一般了。

> 一曰禁骚扰以安民 所恶乎贼匪者，以其淫掳焚杀扰民害民也。所贵乎官兵者，以其救民安民也。若官兵扰害百姓，则与贼匪无殊矣。故带兵之道，以禁止骚扰为第一义。百姓最怕者惟强掳民夫、强占民房二事。掳夫则行者辛苦，居者愁思；占房则器物毁坏，家口流离。为营官先禁此二事，更于淫抢压买等事，一一禁止，则造福无穷矣。

二曰戒烟赌以儆惰　战守乃极劳苦之事，全仗身体强壮，精神充足，方能敬慎不败。洋烟赌博，二者既费银钱，又耗精神，不能起早，不能守夜，断无不误军事之理。军事最喜朝气，最忌暮气，惰则皆暮气也，洋烟瘾发之人，涕泪交流，遍身瘫软，赌博劳夜之人，神魂颠倒，竟日痴迷，全是一种暮气。久骄而不败者，容或有之；久惰即立见败亡矣。故欲保军士常新之气，必自戒烟赌始。

三曰勤训练以御寇　训有二端：一曰训营规，二曰训家规。练有二端：一曰练技艺，二曰练阵法。点名演操，巡更放哨，此将领教兵勇之营规也。禁嫖赌，戒游惰，慎语言，敬尊长，此父兄教子弟之家规也。为营官者，得待兵勇如子弟，使人人学好，个个成名，则众勇感之矣。练技艺者，刀矛能保身，能刺人，枪炮能命中，能及远。练阵法者，进则同进，站则同站，登山不乱，越水不杂，总不外一熟字。技艺极熟，则一人可敌数十人；阵法极熟，则千万人可使如一人。

四曰尚廉俭以服众　兵勇心目之中，专从银钱上着想。如营官于银钱不苟，则兵勇畏而且服；若银钱苟且，则兵勇心中不服，口中讥议，不特扣减口粮，缺额截旷，而后议之也。即营官好用亲戚本家，好应酬上司朋友，用营中之公钱，谋一身之私事，也算是虚糜饷钱，也难免兵勇讥议。欲服军心，先尚廉介；
欲求廉介，必先崇俭朴。不妄花一钱，则一身廉；不
私用一人，则一营廉。不独兵勇畏服，亦且鬼神钦
服矣。

这几条可以代表他训练士卒之一般方术。生活、习惯、行军
技艺，乃至立身为人之道，都详详细细殷勤告诫，而又加上他那
知人善任之明，凡部属不遵照办理者，便有相当惩戒。以知人善
用之明，加之以忠诚恻怛之教谕，再加之以公正廉明之赏罚，人
非木石，焉有不抒诚向化之理？所以我觉得以他一介书生，起而
治军，居然治得很好，就是全凭他那副诚拙忠义之气。《礼记》
《大学》有两句话："如保赤子，心诚求之，虽不中不远矣。"我
于曾氏治军亦云。

他并不是纸上谈兵，并不是书生大言、空谈误国的谈兵。他
是实际临阵，成败利钝在于当前，固非空谈理论者可比。我们翻
开他的批牍，看他所教谕各将领行军用兵之道，与批评各将领所
以致败之由，真是"虽古之名将，不能过也"。平时我们意想他
那种立身为人的态度，恐怕定要感觉他用兵总不免呆板，甚至会
受敌人诱骗，孰知事乃有大谬不然者。他的临阵制胜之策略，简
直是静如处女，动如脱兔，神龙变化，不可方物。当张运兰失陷
牛角岭的时候，他就说：

　　兵法最忌"形见势绌"四字，常宜隐隐约约，虚虚实实，使贼不能尽窥我之底蕴；若人数单薄，尤宜知此诀，若常扎一处，人力太单，日久则形见矣。我之形既尽被贼党觑破，则势绌矣，此大忌也。必须变动不测，时进时退，时虚时实，时示怯弱，时示强壮，有神龙矫变之状，老湘营昔日之妙处，全在乎此。此次以三百人扎牛角岭，已是太呆，正蹈形见势绌之弊，除夕曾函止之，十一日五旅失陷后，再以第三旗扎此，则更呆矣。……

　　大概军旅之事，宜多实际而少理论，此处所谓形见势绌，为兵家大忌，实为一切战术之总纲。我们归纳他临阵制敌的策略，要不出奇之制正，静以制动。即此二端，运用灵活起来，便有神龙矫变之妙，兹析言之。

　　怎样是奇以制正？就是临阵制敌而不以常法。所谓出奇制胜，在兵家为最可贵之策略，而亦最危险之动作。因为他要以少胜多，以逸胜劳；胜固足以摧敌，败亦足以为敌所扑，故非老谋深算，有多数把握时，不宜轻用；然苟以制胜，则又利市百倍也。他说平日非至稳之兵必不可轻用险着；平日非至正之道，必不可轻用奇谋；然则稳也正也，人事之力行于平日者也。险也奇也，天机之凑迫于临时者也。此可见出奇固足以制胜，然非天机凑合，至稳之兵，至正之道，必不可以轻用。且须深明奇正之义，熟审奇正之形，然后才可运用。他解释奇正之义和运用奇兵之法，都很明晰。

中间排队迎敌为正兵，右左两边抄出为奇兵；屯宿重兵坚扎老营与贼相持者为正兵，分出游兵，飘忽无常，伺隙狙击者为奇兵。意有专向，吾所恃以御寇者为正兵；多张疑阵，示人以不可测者为奇兵。旌旗鲜明，使敌不敢犯者为正兵；羸马疲卒，偃旗息鼓，本强而故示以弱者为奇兵。建旗鸣鼓，屹然不轻动者为正兵；佯退设伏，而诱敌者为奇兵。忽主忽客，忽正忽奇，变动无定时，转移无定势，能一一区而别之，则于用兵之道，思过半矣。（日记）

老营处孤危之地，则小队出奇之师，贵少不贵多，贵变不贵常，古人谓之狙击，明人谓之雕剿。设小队稍有疏失，而老营仍一尘不惊，斯为尽善。老营则安如泰山，小队则动如脱兔。（《批张运兰牍》）

此处关于奇正之义，解释至为明了，即运用之机，亦略示端倪；因为此系兵法奇谋，至为危险，须临阵相机行事，非可纸上空谈。总之奇兵只可以作一个别动队，飘忽无常，为诱敌之计。譬如赌博，欲以少数赢得多数，是即兵家运用奇兵之义。故非看定有可赢之机，不轻投注。于正当营业，则兵家正兵之义，故不可不坚稳鲜明。这是在他全书之中，屡屡叮咛我们的，就是叫我们要深明奇正之义，而不可轻用奇兵。他的重要战略，还在静以制动，即是以主制客，奇兵是不轻用，更不常用。不过将领们不可不明奇正之义罢了。因为他们的敌人太平军，不是正规的军队，部卒多由随地裹胁而来，聚集甚众，既无训练（按长毛所以到处焚杀此为主因），当然不利于正面冲突；然而内中将官如陈玉成、李秀成、石达开辈，确是一时名将，故不得已而惯用奇兵，不打硬仗，专伺官军之隙，而不使官军明其情形。是以有时行踪非常焱忽，使官军疲于奔命；有时坚守城垒，使官军难于攻击；有时突围而出，使官军防不胜防。因此不能不对准这种敌情，而讲求特殊的战略与战术。敌人是惯用奇兵的，假如官兵也惯用奇兵，老实说官兵是打不过他们那为目的不择手段的流寇；所以曾氏的主张，是以有定之兵，制无定之寇。然而对敌人伎俩，却又不可不知，因此我们可以说他这种临阵制敌的策略，是重在"静以制动，节节进击"。静以制动，就是要能反客为主，不轻战，不浪战，不随敌人四处追击，设法使敌人不得不来接战，而我沉着镇定以应之。节节进击，就是在攻势之中，有防御的准备，不使为敌人的奇兵所暗算。这样的战略，似乎是太稳健了，但是他们攻击的精神，还是很厉害，譬如在鄂、皖之间，与陈玉成的剧战，在皖、赣之间，与李秀成的剧战，都是异常猛烈；更如罗泽南、李续宾、多隆阿、鲍超、江忠源辈，都是极勇猛的名将，后来曾氏因为江、罗、李诸将因猛攻身死，甚至惨败，故戒各将领，宜审察敌情，相机战守。

先安排以待敌之求战，然后起而应之，乃必胜之道；盖敌求战，而我以静制动，以逸待劳，以整遇散，必胜之道也。此意不可拘执，未必全无可采。

凡出队有宜速者，有宜迟者。宜速者我去寻贼，先发制人者也，宜迟者贼来寻我，以主待客者也。主气常静，客气常动，客气先盛而后衰，主气先微而后壮。故善用兵者，最喜为主，不喜作客。休祁黟诸军，但知先发制人一层，不知以主待客一层，加之探报不确，地势不审，贼情不明，徒能先发而不能制人，鄙人深以为虑，请阁下于诸公讲明此两层，或我寻贼，先发制人，或贼寻我，以主待客，总须审定乃行，切不可于两层一无所见，贸然而出。（书札）

攻城最忌蛮攻。兵法曰："将不胜其忿而蚁附之，杀士卒三分之一，而城不拔者，此攻之罪也。"（批牍）

贼若来扑渔亭，我官军切不可出队太早，须待各路之贼到齐，看明何路贼多，何路贼少，何路贼强，何路贼弱，何路为贼之正兵，何路为贼之伏兵，一一看清，

> 待营中饱吃中饭后，申酉之间，天色将晚，贼久立气疲，头目欲战，众贼欲归，然后出队击之，必可获胜。胜后不必远追，追五六里，整队还营可也。若贼来太多，则坚守不出。（批牍）

此处可算是他的中心战略，全重以主制客，决不轻举妄动；所以他尝叮咛将士："必须谋定后战，切不可蛮攻蛮打，徒伤士卒。"又谓："不轻敌而慎思，不怯战而稳打。"处处以逸待劳，以静制动，即至自己陷至客的地位，亦必须设法反客为主。苟不深明敌人动静，宁可不去猛攻，不可浪战，而至于"虽先发而不能制人"，则将变成反主为客，正是所谓情见势绌了。他这种战略，最为踏实，尤其是用以制流寇式的太平军，最为相宜。此种稳扎稳打的战略，自湘军以至于淮军，都谨守勿失，后来湘淮合军平捻，更是得力于此。

曾氏战略，可说是拿主以制客为体，奇以制正为用。他的大本营全是正兵，全做成主的地位，遇到适当机会，才用奇兵。这固然是因敌人之势而制成这种战术，然而主将的个性与学养，亦有相当关系。曾氏是极稳健派的学者，我们看他立身为人，做学问都是稳健的一路，用兵也仍未脱此本色；所以这种战略，可以说是因势制宜，也可以说是出于主帅的一贯精神。

总之，他虽不是军事人才，但是能有此成绩，我以为不出两个主要原因：第一就是他那副诚拙忠义的精神，其次则是就事磨炼而成。因为有他那副诚拙忠义的精神，所以处处能按部就班集思广益，而得到事实上的美满结果。能虚心谨慎，在事上磨炼，故事的本身，能随时精进。因为这两种精神的作用，所以他虽然是一个外行军事家，却成功这么大的事业，并且由今观之，凡他治军的精神和训练士卒之方术、临阵制敌之策略，即今世号为军事家者，似亦未必过是。其一般原理，虽时过境迁，至于今日，犹有很多地方，未可磨灭。因此我们得到两个教训：一是凡事只须拿出真诚忠义之气去做，不但事可必成，而荆棘且将自去。二是凡人在社会上的成就，无论大小，都是社会培植之功，野心家在那里妄想做一个造时势的英雄，是不独把历史因果规律看倒了，且终必至偾事而不自知。纵观今古，横观世界，都不难得到事实证明，曾公事业，更无论矣。

第九章 治 吏

　　一种政治的设施，应以时势为对象，在某种时代和某种形势之下，宜乎某种政治，这可以说是政治变迁史上的一大原则。因此我们现在要来追述曾国藩整饬吏治的方术，亦必先明白其时代与形势，然后再看他的政治设施，才能明白其意义。他那时代，可算是清廷政治腐败达于极点的时期，洪杨一呼而天下骚动，并非洪杨政治有什么深洽民心之处，实因清廷官吏太坏，人民久不堪命，故一闻洪杨倡乱，而天下莫不浮动。然而洪杨倡乱十五年，蔓延十六省，而卒就剿灭者，则由于洪杨等脑筋中充满了帝王思想，对于政治设施，毫无新兴气象，若辈所打算者，只在个人之富贵利达，曾未思及民间疾苦，慨然有拯济之心，而清廷则反由腐败而渐具生机，故能一举而荡平群寇。是知政治腐败，乃内乱之媒，政治清明，寇自消灭，一部中国史莫非成则为王，败则为寇。什么是成败？外面看起，似乎是武力，仔细推敲，还是政治。且专恃武力，终必底于灭亡，项羽、刘邦，便是一个显例。以曾国藩的时代论，清廷原是异族，虽政治腐败，天怒人怨，然而得一转机，犹得延长数十年命运；洪杨为民族革命者，然而劫杀盗淫，横征暴敛，民族亦不表同情，可知政治与之关系，有如此者！

清廷政治怎样会有转机的呢？其惟一原因在曾国藩、胡林翼等的才识过人，看定戡乱之要，首在政治清明，胡林翼尝谓："吏治不修，兵祸之所由起也；士气不振，民心之所由变也。官吏之举动，为士民之所趋向；绅士之举动，又为愚民之所趋向。未有不养士而能致民者，亦未有不察吏而能安民者。"又曰："救天下之急症，莫如选将；治天下之真病，莫如察吏。兵事如治标，吏事如治本。"曾国藩曰："今日局势，若不从吏治人心上痛下功夫，涤肠荡胃，断无挽回之理。"他们能看到民心向背，在于政治优劣，天下真病，不在军事而在政治，不从吏治人心痛下功夫，断无挽回之理。曾氏的治吏精神，全基于此。

中国宦途，盖自明之中叶，已呈腐败之象，观宗臣《报刘一丈书》而知当时宦途黑幕，不减今日。至其末造，则腐败更甚，官府坏于吏胥，地方坏于乡绅。满清承之，既毫无文化，更难言吏治。且妒忌汉人，无所不用其极，故一切政治设施，举不出明朝胥吏范围；虽纯正洁白之士，一入宦途，即往往变其气习，甘与胥吏为伍，而造成万恶渊薮的社会。欲洁身自好，只有跳开政治旋涡的一法。因此政治腐败，官吏贪污，视为固然。曾氏他们的整饬吏治，很看清这一点，所以极力提拔一班纯正洁白的书生，教他们替百姓做些切实的事业；但是书生虽有纯洁的长处，却有时因为阅历短浅而不通大体，或拘于小而碍于大，或放言高论，而少切实，或……然而他本质是洁白的，气节是坚强的，操守是高尚的，只须得到相当的磨炼，定能做出新气象的事业来。当时曾国藩主持东南大政，凡所引荐，悉为书生，他很能运用书生之长，而匡救其短，这是他治吏之特点。因此他的政术，不但是对民设施，并且还要对官训导。兹就其治吏大端，分正己、戡乱、察吏、勤学四项述之。

所谓正己者，就是要一班官吏，永久保持自身的纯洁，不要因为做了官，便坏了自己的良心。怎样可以保持自身的纯洁呢？我以为他常说的勤俭廉明，最为中肯。能勤俭自能廉明，能廉明便能做好官，而可永久保持自身的纯洁。在他批牍中，对各部属尤其是各县令，总是以此义叮咛嘱咐。兹录其与各县令之批牍数首如下，以见一斑。

　　该令初次做官，未染宦途习气，尤宜保守初心，无论做至何等大官，终身不失寒士本色，常以勤字、廉字自励。如天地之阳气，万物赖之以发生，否则凋枯矣；如妇女之贞洁，众人因以敬重，否则轻贱矣。（《批望江县令周甫文禀》）

　　大兵之后，民困未苏，亦须加意抚循，不可稍涉苛扰。该令以书生初历仕途，惟俭可以养廉，惟勤可以生明，此二语者，是做好官的秘诀，即是做好人的命脉。
(《批庐江县郭令禀》)

　　该令等初到安庆时，本思从容教诫，培成循吏；其
后匆匆离皖，此愿未偿，昨至金陵相见，未改读书本
色，为之一慰。勤廉二字，系为政之本，平日必须于此
二字认真体会，俾案无片纸积留之牍，室无不可告人之
钱，自有一种卓然自立之象。(《批太平县知县蒋山禀》)

"廉明"二字是做好官的秘诀，而亦是立身为人之本。初做
官时，未失书生本色，只须能勤即能渐至于明，能俭即可以廉，
此二字为正己之始，循吏之基。这两句话可算他自守教人的基本
原理。诚然，"其身正，不令而行；其身不正，虽令不从"。为民
上者一举一动，既为民所观瞻，德之流行，速于置邮而传命；恶
之流行，亦速于置邮而传命。曾氏尝曰："风气之正否，丝毫皆
推本于一己之身与心，一举一动，一语一默，人皆化之，以成风
气；故为人上者，专重修身，以下之效之者速而且广也。"（日记）
古人居高位所以战战兢兢，不敢或懈，所谓"若朽索之驭六马"，
都是看透自己的责任重大，己身不正，即"是播其恶于众也"，
其害何可胜言? 所以政治好坏的先决问题，端在官吏本身的纯正
与否。所以他说：

　　居高位之道约有三端：一曰不与，谓若于己毫无交涉也。二曰不终，古人所谓日慎一日，而恐其不终；盖居高履危，而能善其终者鲜矣。三曰不胜，古人所谓懔乎若朽索之驭六马，僳僳危惧，若将陨于深渊；盖惟恐其不胜任也。"鼎折足，覆公餗，其形渥，凶。"言不胜其任也。方望溪言汉文帝之为君，时时有谦让若不克居之意，其有得于不胜之义者乎？孟子谓周公有不合者，仰而思之，夜以继日，其有得于惟恐不终之义者乎？（日记）

　　为政之道，得人治事二者并重。得人不外四事：曰广收，慎用，勤教，严绝。治事不外四端：曰经分，纶合，详思，约守。操斯八术以往，其无所失矣。（日记）

　　李次青赴徽州，余与之约法五章：曰戒浮，谓不用文人之好大言者。曰戒谦，次青好为愈恒之谦，启宠纳侮也。曰戒滥，谓银钱保举，宜有限制也。曰戒反覆，谓次青好朝令暮改也。曰戒私，谓用人当为官择人，不为人择官也。（日记）

　　凡治大事，以员少为妙，少则薪资较省，有专责而无推诿；少则必择才足了事者，而劣员不得滥竽其间；少则各项头绪悉在二三人心中手中，不至丛杂遗忘，多则反是。总之为事择人，则心公而事举，为人谋事，则心私而事废。该局冗员稍多，以后大小事件，须有专责，一一吹竽，则渐有起色矣。(《批江宁万藩司启琛等禀》)

凡此皆所谓求在己者也。为政不能如此，即虽有清明之望。不与，不终，不胜，可谓从政人员之极则，无论大小地位，都应该如此。质言之，就是凡居领导地位，均须具此三端，事的本身才能做好。不过"不胜""不终"，他都解释得很清楚，并且举有例证了。"不与"的意义如何呢？我以为就是舜禹有天下而不与焉的"不与"。"不与"就是"不有"，不有其功，不有其位，都是"不与"的意义。怎样就是"与"呢？就是自有其功，自有其位。做皇帝就以天下为私产，做官吏即以官位为私有，似乎有了地位，就等于赚得一份产业，应享有特种权利，而自忘其义务。处处表现自己是有权威的，是应该高人一等的，这便叫作与，叫作有。居高位者只要有了这层观念，那么一切设施，都不会适当。纵有一二钓名沽誉之事，似乎是出于爱民，然究竟是藉以为巩固自己地位的手段，与真心爱民者，终是两事。且必有"不与"的精神，才谈得到不终不胜之义，不然，视天下为私有，既不对任何人负责，更何须不终不胜呢？故必视官位与己毫无交涉，然后才是真心替百姓做事，才会有"恐其不终""恐其不胜"之意，亦才谈到得人治事之方法。故我尝以为凡做一切的领袖，都先要有"不与"的观念，才能以事为主，而不以个人私见为主。这然后自然会虚心下问，勤俭廉明，日求正己之道，以求免于颠危。有了这个基本观念，然后如有才力不足之处，由人指导，才可以虚受。至于胸怀器量，固然有许多是生成伟大，如舜禹之有天下而不与焉，亦有并非生成伟器，而可以借学问淬励，事业磨炼，使渐练渐进，以至于不与的境界。此处他所谓为政之道，与万藩司之批，我以为都是砥砺属员正己的方法，亦即借以磨炼胸怀的工具；即与李次青所定的约法五章，虽然是对个人，有为而发，然内容所及，亦确为一般官吏最易犯以事实。他且勿论，即所谓用人当为官择人，不为人择官，试问居高位者，有几人真能如此！不能如此，即是己身之不正矣，更何能谈到正人！

他那时所谓政治，多半是军事之后的设施，更有许多是军事甫息，匪患未绝，地方官不但要有政治长才，并且还要有剿匪能力。即不然，亦须竭力辅助军人，安良除暴。质而言之，在他的理想，能合当时的情况，最好是将能兼吏，吏能兼将，所以他对将官说的话，与对文吏说的话，其基本意义，类皆相似。薛福成曰："曾国藩之在江南，治军治吏，本自联为一气。自军旅渐平，百务创举，曾国藩集思广益，手定章程，期为行之经久，劝农课桑，修文兴教，振穷戢暴，奖廉去贪，不数年间，民气大苏，而官场浮情之习，亦为之一变。"观此可知他的治军治吏，心目中原无区域。不过一个是冲锋陷阵，攻城夺垒；一个是整顿后方，与民休息。二者原是一气相连，无可间断。所不同者，武将重在战术，文吏重在治道，而安良除暴，则又二者之共同目标，故其封官吏有这样的两段话：

> 土匪横行，宜大加惩创，择其残害于乡里者，重则处以斩枭，轻亦立毙杖下。戮其尤凶横者，而其党始稍戢，诛其尤害民者，而良民始稍息；但求于孱弱之百姓，少得安恬，即吾身得武健严酷之名，或有损于阴骘慈祥之说，亦不敢辞己。（批牍）

> 告讦之胁从，概从宽宥，以绝株累诬扳之风。访获之头目，必置重典，以杜煽诱猖獗之渐。治胁从则有党必散，治头目则有犯必惩。外宽内严，恩威并用，不过数月，必有大效。（批牍）

这两段都是说当时官吏应该负起戡乱的责任。只要于百姓有实利，即自己受祸，亦所不计。盖"治乱国，用重典"；彼时彼地的官吏，不如此即不足以安多数之良民，且不能彻底戡乱。即有任何优良政治，亦无从设施；故此时官吏，应先负起戡乱之责，然后才谈到政治措施。

曾氏的理想，是要自己训练出一班书生本色的循吏，使他们去负戡暴安民的责任，以收拾民心，与民更始。但是如何能使这个理想不落空，而可以成为事实呢？便要看他那种严密而敦厚的察吏方法了。薛福成尝述曾氏察吏之法，谓："其法于莅任之始，令省中司道，将所属各员；酌加考语，开摺汇进，以备校核，一面留心察访，俾有所闻，即登之记簿，参伍错综，而得其真。俟贤否昭然，具疏举劾，阖省惊以为神，官民至今称颂。曾国藩未尝专讲吏事，然其培养元气，转移积习，则专精吏治者所不逮也。"这足见得他察吏方法，严密如此。然而他并不是苛刻，他的严密，完全是对事，不是对人。所以对事是严密了，对人还是敦厚。这是如何说法呢？就是说对事的本身非常严密，一步不放松；但是训导培养吏材，则又极宽厚慈祥之至。可以说他的察吏方法，一半是留心访察，一半是训导培养。因此他的属吏，贤者益自奋励，不肖者亦能自勉。关于考察情形，在第六章中及此处所引薛福成的言论，可以得其大概，惟是前所言者，大抵偏于严肃的一方面，实则严肃之中，处处带慈祥之意。看下面两段，便可知了。

稽查属员，宜如父兄之教子弟，先之以训诫，继之以严饬，不可遽存疾视之心，致成隔膜。如有不服教诲，怙终不悛，及实干贪酷六法之员，则立挂弹章，不必问参员心服与否，更不宜听扬言而自形愤懑也。（《批安臬司禀》）

为督抚之道，即与师道无异，其训饬属员，殷殷
之意，即与人为善之意，孔子所谓诲人不倦也。其广
谘忠益，以身作则，即取人为善之意，孔子所谓为之
不厌也。此皆以君道而兼师道，故曰作之君，作之师。
（日记）

这是何等剀切慈祥的态度？我们看他的书札与批牍，处处
见得他有这副气象。诚如父兄之教子弟，业师之教生徒，只有期
望，而无疾视；更因各人才质行径，而予以相当的训诫与鼓励。
譬如对陈国瑞则戒以"不扰民，不私斗，不梗令"。对鲍超则教
以小心大度。他说："小心者戒骄矜，戒怠忽，即前此所谓花未
全开月未圆也。大度者，不与人争利，虽办得掀天揭地事业，而
自视常若平淡无奇，则成大器矣。"其他一切属员，都时时予以
这样的训练。他曾手订《劝诫浅语》十六条，当时印成小册，分
散部属，考察的时候，即以此为标准。十六条中，有四条是劝诫
营官的，已见于上章。还有十二条则劝诫州县者四条，劝诫委员
者四条，劝诫绅士者四条，兹录其大纲如下：

劝诫州县四条（原注云：上而道府下而佐杂以此类推）：
一曰治署内以端本。二曰明刑法以清讼。三曰重农事以
厚生。四曰崇俭朴以养廉。

劝诫委员四条（原注云：向无额缺现有职事之员皆归此

类）：一曰习劳以尽职。二曰崇俭约以养廉。三曰勤学
问以广才。四曰戒傲惰以正俗。

劝诫绅士四条（原注云：本省乡绅外省客游之士皆归此
类）：一曰保愚懦以庇乡。二曰崇廉让以奉公。三曰禁
大言以务实。四曰扩才识以待用。

此十二条中，每条之下，都有详细的说明，与前所录劝诫营
官者相等。兹为节省篇幅起见，录其大纲，然已可见其概要。凡
他所劝诫者，事事皆由他本身做起，部属未能完全遵照者，则殷
殷劝导之；其才力不足，发生事实上困难者，则设法辅助之；其
有因公死事者，则优予抚恤，以励廉吏。如此训诫激励，恩威并
用，故能不数年间，风气大变，此可见其训练之功矣。

还有一事，在他政术中占重要地位者，厥维劝学。劝学之
方向有二：一为劝官吏学，一为劝地方人士学。劝学的目标亦有
二：一曰励人才，二曰厚风俗。诚然，一个人无论做什么事，假
如没有学习研究的心志，则无论所司何事，都不会有多少进展。
当然学习研究不一定要在书本上钻寻，但是完全没有拿书本的兴
趣，甚至鄙视书生，则亦谈不到虚心研究，使自己才能有所进
步。故就官吏说，要想自己才能日益广大，至少要有一副学习研
究的心志。就一地方说，假如地方人士，都不好学，势必一方之
人，皆粗野鄙僿，而风俗亦必致日益浇漓。故劝官吏学，则人才
日出；劝地方人士学，则风俗日厚；是为事实上必然之结果。这

两方面是有连环性的，所以他同时并教，使一般官吏都能于公务之余，潜心向学，庶不致不学无术而为祸国殃民之事；使一方人士都能潜心向学，不但可以厚风俗，且可擢人才，所谓"十室之邑，必有忠信"，惟在上者擢而用之耳。兹先述其劝官吏学者如下：

> 今世万事纷纭，要之不外四端：曰军，曰吏，曰饷事，曰文事而已。凡来此者，于此四端之中，各宜精习一事。习军事则讲究战攻、防守、地势、贼情等件。习吏事则讲究抚字、催科、听讼、劝农等件。习饷事则讲究丁漕、厘捐、开源、节流等件。习文事则讲究奏疏、条教、公牍、书函等件。讲究之法，不外学问二字。学于古则多看书籍，学于今则多觅榜样，问于当局则知其甘苦，问于旁观则知其效验。勤习不已，才自广而不觉矣。（《劝诫委员》第三条）

> 闲暇则读书习字，深思力行，总不使此身此心，有一刻之怠惰，并与杨参将互相规劝以"勤劳"二字为主，能吃天下第一等苦，乃能做天下第一等人。无得自暴自弃也。（《批江绍华禀》）

> 才力不逮，不必引以为歉。凡才力得之天禀者不足

喜，得之人事者乃可据。厉志以广之，苦学以践之，才力无不日长者。水之渐也，盈科而进；木之渐也，积时而高。才力之增，亦在乎渐而已矣。（《批吴廷华禀》）

我在第一章中，即曾说明曾氏把"学"字意义看得很广，举天地间一切事物，莫非是学。此处他举出军、吏、饷、文四端，系专对将吏委员之言。教他们就本事职务择一讲究，以求深造，并告诉他们讲究之道，不外"学问"二字，更将"学问"二字，分析得如此明了透彻，娓娓动听，只要能够勤苦耐劳，自可日即高明。且由勤苦耐劳中得来的学问，倒是脚踏实地，铢积寸累，最靠得住，他所谓才力得之人事者乃可据，便是指此。所以我说官吏如能潜心向学，对个人则才能日进，对社会则人才日增。其劝地方人士者，又如何呢？他说：

风俗之美恶，主持在县官，转移则在士绅。欲厚风俗，不得不培养人力，古者乡大夫宾兴贤能，考其六德、六行、六艺，而登进之，后世风教日颓，所谓六德者不可得而见矣。至于六行，曰孝、友、睦、姻、任、恤，孝友则宗族敬服，睦姻则亲党敬服，今世未尝无此等人也；任则出力以救急，恤则出财以济穷，今世亦未尝无此等人也。六艺曰礼、乐、射、御、书、数，今世取士用文字诗赋经策，其事虽异，其名曰艺则一也。今之牧令，即古乡大夫之职，本有兴贤举能之责，本部堂分立三科以求贤士，凡孝友为宗族所信，睦姻为亲党所信者，是为有德之科。凡出力以担当难事，出财以襄成善举者，是为有才之科。凡工于文字诗赋，长于经解策论者，是为有学之科。仰各州县，采访保举一县之中，多者五六人，少者一二人，其全无所举，及举而不实者，该牧令皆予记过。教官如确有所见，亦可随时禀保，有德者本部堂或寄匾额，以旌其宅，或延致来省，赐以酒食，馈之仪物。举有才者，本部堂或饬属派充团长，酌给薪水，或调省一见，札令帮办捕务。举有学者，本部堂或荐诸学使，量加奖拔，或召之来省肄业，优给膏火。每州每县，皆有数人为大吏所知，则正气可以渐伸，奸宄因而敛迹，此虽与清讼无涉，而端本善俗，尤在于此。因一方之贤士，化一方之莠民。芳草成林，荆棘不锄而自悴；鸾凤在境，鸱枭不逐而自逃。诸良吏无以为迂而忽之。[《直隶清讼事宜（第十条奖励人才变易风俗）》]

《学记》曰："君子如欲化民成俗，其必由学乎！"古之所谓学者，初非限于读书，六德、六行、六艺，莫非是学。上有好者，下必有甚，果在上者真能以学行自励，对士民又能劝导奖进，无微不至，士民未有不望风而化，浸以成俗。苟在上者，自己不正，不学无术，则部属将吏，亦必以类相从，顽钝无耻，夤诉无节，其结果将使一世之人，皆知非阿谀谄媚，苟合取容，则无以自存。如是而犹望风俗敦厚，而不流于卑污苟贱，何由得乎？纵在上者，时时以礼乐教化为口头禅，而欲掩饰时人之耳目，亦徒见其心劳日拙而已。故我以为曾氏所以能指挥部下将吏，如身之使臂，臂之使指，莫不听从，其最大原因，就是他本身有学问，足以服众。他是一切言行举动，足以为部属士民之法，而又时时以励人才厚风俗为职志，部属士民尚安有不从之理？且如他求贤的路径，分为三科，则凡士民之有一行之善，一技之长，均有以自见。如此不但使天下贤士无怀才不遇之憾，而正气既伸，奸宄敛迹。所谓芳草成林，荆棘不锄而自悴；鸾凤在境，鸱枭不逐而自逃。真是励人才厚风俗之根本大计。《易》曰："方以类聚，物以群分。"又曰："君子道长，小人道消。"邪正之互为消长，乃千古以来无法避免之事实。居高位者既不可不看清此点，而为之辅翼奖励，使正气得伸，奸宄敛迹，更不可不自检点本身言行，务使一举一动，一言一默，俱足以风民而服众，庶乎言顾行，行顾言，而无出尔反尔之灾也。《诗》云："伐柯伐柯，其则不远。"曾氏之言行不远，患在不以为则耳！

第四编　读　书

第十章　读书的先决问题

平常人总会以为做学问就是读书，书读好了，就会有官做，做得官了，则富贵利禄，乃至声色货利，都会源源而来。故曰："书中自有黄金屋，书中自有颜如玉。"此可见一般人对于读书的观念。而读书一事，所以会占整个学问的领域，也无非为此。因此我们可以得到一个结论：做学问就是读书，读书可以升官发财。这句话固然不能包括过去现在的一切学者，但确是一般读书人的普遍心理。故读书这件事，在社会上的确看得很重要，然而读书人愈多，社会国家只有弄得愈糟，寻根究底，不能不归结到读书的目标问题。彼其以"颜如玉""黄金屋"为读书目标，当然时时刻刻，对目标以追求，人人如是，社会尚堪问耶？

曾氏数十年来，虽在戎马倥偬之中，而读书为文不辍，其教生徒，教子弟之读书方法，尤能亲切踏实，而为后进入学之门。不过他不是主张读死书的，更不是拿读书做寻求官阶的工具。他以为读书是做学问的一部分，而做学问的目标，应在"化民成俗"。他那个时代士气颓丧，读书人除帖括诗赋之外，已不知何为学问；除欲得举人进士之外，已无所谓志向。所以他是一心一意想挽回这个颓风，先由自己本身做起，然后由近及远，以造成一个良好风气，正风俗而救人心。虽然事体甚大，但是他相信只要有一部分人，在那里真能以身作则，真心倡导传播，则亦未尝不可以"转移习俗而陶铸一世之人"。他说："风气无常，随人事而变迁。有一二人好学，则数辈皆思力追先哲；有一二人好仁，则数辈皆思康济斯民。倡者启其绪，和者衍其波，倡者可传诸同志，和者又可嬗诸无穷。倡者如有本之泉，放乎川渎；和者如支河沟浍，交汇旁流。先觉后觉，互相劝诱，譬如大水小水，互相灌注。以直隶之士风，诚得有志者导夫先路，不过数年，必有体用兼备之才，彬蔚而四出，泉涌而云兴。"（《劝学篇·示直隶士子》）可知此事虽然甚大，只要去做，效果倒也无难。故曰："凡一命以上，皆兴有责焉者也。"他又说："读书不能体贴到身上去，虽使能文能诗，博雅自诩，亦只算得识字之牧猪奴耳！用此等人做官，与用牧猪奴做官，何以异哉？"因此我们知道要想做"化民成俗"的事业，固然不可以不读书，但是专读死书，是不会"化民成俗"的，虽不读死书而无远大的志愿，也不能"化民成俗"的；所以他认为读书第一个先决问题，就是要"志大人之学"。他说：

　　读书之志，须以困勉工夫，志大人之学。（日记）

　　君子之立志也，有民胞物与之量，有内圣外王之业，而后不忝于父母之所生，不愧为天地之完人，故其为忧也，以不如舜、不如周公为忧也，以德不修、学不讲为忧也。是故顽民梗化则忧之，蛮夷猾夏则忧之，所谓悲天命而闵人穷，此君子之所忧也。若夫一身之屈伸，一家之饥饱，世俗之荣辱，得失，贵贱，毁誉，君子固不暇忧及此也。（道光二十二年十月二十六日致弟书）

　　人之气质，由于天生，本难改变；惟读书则可以变化气质，古之精相法者，并言读书可以变换骨相，欲求变化之法，总须先立坚卓之志。即以余生平言之，卅岁最好吃烟，片刻不离，至道光壬寅十一月廿日，立志戒烟，至今不再吃。四十六岁以前，做事无恒，近五年深以为戒，现在大小事均尚有恒。即此二端，可见无事不可变也。古称金丹换骨，余谓立志即丹也。（同治元年四月二十四日致纪泽）

　　凡此都是志大人之学之事。所谓大人之学，这里也说得很具体，民胞物与之量，内圣外王之业，使匹夫匹妇，皆得其所，所谓悲天命而悯人穷，这是何等盛德大业？岂是读书求官之辈所能梦见？又岂终日占毕咿唔于诗赋帖括者所能望其项背？然而同一读书，或彼或此，便是所谓坚卓之志的作用。凡人读书，莫不有志，志大人之学者固谓之志，即志在升官发财，诗赋帖括者，亦何尝不日夜孜孜，求达其志？故在读书之始，假如不把志向定得正大，则其流毒将不堪闻问。记得是张蒿庵说的吧，"学者一日之志，天下治乱之源，生人忧乐之本矣"。所谓一日之志，我以为就是学者读书为学之初，自己所期于自己者，是若何趋向，若何愿望。这便叫一日之志。这种趋向，若在一身之屈伸，一家之饥饱，世俗之荣辱得失呢？那么不得志倒算是天有眼，一经得志，便要地无皮了。假如趋向在民胞物与，悲天悯人呢？则所谓得志与民同之，不得志修身俟于世。无论在上在下，都可以正人心而厚风俗，才算是学者正经，读书亦才有用，且亦才需要读书。有了这种志愿，虽自己气质稍下，亦可借读书以改变。并不是书籍有这大力量，不然古今读书人都应入圣贤之域了。又何以大奸巨猾，往往满腹文章呢？就可见书要看什么人读：大奸巨猾，则书中所载，莫非为其奸猾之资；以民胞物与为怀者，则圣贤之言，皆我之言，书中之事，皆分内事，自然会早夜以思，去其不如舜、不如周公者，而求其所以为舜为周公者。孜孜矻矻，朝乾夕惕，则未有不能达其愿望者。而其得力处，则在自己有坚卓之志。所以说立志就是换骨之金丹。然而所谓立志，又不是或作或辍，一曝十寒所能奏效，必朝斯夕斯，抱定一息尚存此志不容稍懈的精神，然后才能毋望其速成，毋诱于势利。所以他常在立志之下，加"有恒"二字，意谓始终不懈的精神，乃读书第二个先决问题。他说：

> 士人读书第一要有志，第二要有识，第三要有恒。有志则断不甘为下流；有识则知学问无尽，不敢以一得自足，如河伯之观海，如井蛙之窥天，皆无见识也；有恒则断无不成之事。此三者缺一不可。诸弟此时，惟有识不可以骤几，至于有志有恒，则诸弟勉之而已。（道光二十二年十二月二十日致诸弟书）

> 学问之道无穷，而总以有恒为主，兄往年极无恒，近年略好，而犹未纯熟。自七月初一起，至今则无一日间断，每日临帖百字，抄书百字，看书少亦须满廿页，多则不论。自七月起，至今已看过《王荆公文集》百卷、《归震川文集》四十卷、《诗经大全》廿卷、《后汉书》百卷，皆朱笔加圈批。虽极忙亦须了本日功课，不以昨日耽搁而今日补做，不以明日有事而今日预做。诸弟若能有恒如此，则虽四弟中等之资亦当有所精进，况六弟七弟上等之资乎？……诸弟试将《朱子纲目》过笔圈点，定以有恒，不过数月即圈完矣。若看注疏，每经亦不过数月即完。切勿以家中有事，而即间断看书之课，又弗以考试将近，间断看书之课，虽走路之日，到店亦可看书，考试之日，出场亦可看也。兄日夜悬望独此有

恒二字告诸弟，伏愿诸弟刻刻留心，幸甚幸甚！（道光

二十四年十一月二十一日致诸弟函）

此处他不但把有恒的效用说得很详尽，并且做出有恒的样，为他诸弟们规划出有恒的方案。这种方案，不但他的诸弟可以受益，即我们现在还是可以依此做去。他所举有志、有识、有恒，自然都是读书应有的先决问题，不过"有识"不是初学所可骤几，所以他平常教人，总是以立志有恒为最要。然而我以为果能立志而又能持之以恒，时时不断地与古人为俦，当然会知道学问无尽，不致以一得自足。河伯观海、井蛙窥天之陋，或者即可因此免除吧？所虑者就是立志未必坚定，见左右前后，与我相仿佛者，皆得奥援而腾达了，于是自己也就耐不过了，或望其速成，或诱于势力，或竟弃其所学而另觅蹊径，都叫作无志，都叫作无恒，就会不免于河伯观海、井蛙窥天了。他写此信，正是在京城做京官的时候，也可以说正是他发愤立志、发愤持恒的时候。我们看他几个月内，做了许多功课，我们或者会惊疑他是天才独厚吧？其实不是，绝不是，他的资质，并不过人，他惟一长处，就是他那副诚拙的精神，困知勉行的精神，孜孜不懈、无稍间断的精神。每日看廿页书，并不算是难事，然而我们就不能有他那样成绩，便是因为我们缺少他那副有恒的精神。假如我们也立定志向，要持之以恒，每日看廿页书，几个月后，成绩也定可观。而况年年如此，终身如此，何患无所精进？荀子曰："无冥冥之志

者，无昭昭之明，无惛惛之事者，无赫赫之功。"曾氏此时，正是励志潜修、冥冥惛惛的时期；凡他后来那些昭昭之明、赫赫之功，都是这时候做成的基础。即他诸弟后日功业，也很得力此时的乃兄教导。故凡有志于盛德大业者，不可不立定坚卓的志向，尤不可不持之以无稍间断的恒心！

有了坚卓的志向、不断的恒心，然后感觉自己理不充，识不远，才不足以应用，那么可以谈读书问题了。这时候去读书，才是正当的需要，才不至于借书中之义以济其私而满其欲。即就读书本身来说，在这种情况之下，其了解力、运用力，都必较茫无目标者，为强且大；不过书籍之浩浩，若江海然，非一人之腹，所能尽饮也。其中万径千蹊，莫知所适，在读书之前，苟不指以正当途径，则将以羊肠为大道，以断港绝潢为终南捷径，则将皓首穷年，不免为陋儒而已。故在立志、有恒两问题决定之后，还要辨明应该采取什么趋向，这可算是读书第三个先决问题。他关于这个问题在全书中说得最多，兹就其告直隶士子者，略述如下：

为学之术有四：曰义理，曰考据，曰辞章，曰经济。义理者，在孔门为德行之科，今世目为宋学者也。考据者，在孔门为文学之科，今世目为汉学者也。辞章者，在孔门为言语之科，从古艺文，及今世制义诗赋皆是也。经济者，在孔门为政事之科，前代典礼政书，及当世掌故皆是也。人之才智上哲少而中下多，有生又不过数十寒暑，势不能求此四术，偏观而尽取之，是以君子贵慎其所择，而先其所急。择其切于吾身心不可造次离者，则莫急于义理之学。凡人身所自具者，有耳目口体心思；日接于吾前者，有父子兄弟夫妇，稍远者有君臣有朋友。为义理之学者，盖将使耳目口体心思，各敬其职，而五伦各尽其分，又将推以及物，使凡民皆有以善其身而无憾于伦纪。夫使举世皆无憾于伦纪，虽唐虞之世，有不能逮；苟通义理之学，而经济该乎其中矣。程朱诸子，遗书俱在，曷尝舍末而言本，遗新民而专事明德，观其雅言推阐，反覆而不厌者，大抵不外立志以植基，居敬以养德，穷理以致知，克己以力行，成物以致用。义理与经济，初无两术之可分，特其施功之序，详于体而略于用耳。(《劝学篇·示直隶士子》)

这一段话拿现在目光骤然看去，或要觉得有些迂腐了吧？其实所谓使耳目口体心思各敬其职，难道不是万古不变之真理？难道不是人类应有的基本行为？普通人或因环境关系、教育关系，而未能完全如此，读书负先知先觉之责者，当然应该以此为急务。盖自一般腐儒，以规行矩步坐尸立斋种种形式，自矜为义理之学，而其心术有时乃不堪闻问。于是义理二字，变成迂腐虚伪之名词，提及义理二字，或者就会引起人们联想到那种迂拘腐朽的形态，实在这不是义理之过，假义理以欺世盗名者之过。义理的内容，就是立身为人之道、成己成物之方，至于用何方式以立身为人，以成己成物，则尽可随时代以变迁，随环境以变迁，要其归则始于正己，终于济世，如百川异派，同达于海而已，初不必拘于一定方式，一定途径。他所谓立志以植基，居敬以养德，穷理以致知，克己以力行，成物以致用，昔人所谓学有本源，便是指此。有了这个本源，然后求先儒所谓考据者，使吾之所见，证诸古制而不谬；然后所谓求辞章者，使吾之所获，达诸笔札而不差，则天下无往而非学，无事而非学了。到此时，虽曰六经皆我注脚，亦无不可。

以上所举这三个先决问题，他全书之中，并未这样明白地告诉我们。不过在他言论中归纳起来，可以得到这三点是读书应有的先决问题。我以为此事于读书为学之始，关系极大，故于其读书方法之先，述此章以为冠，是否郢书燕说，则不暇问了。

第十一章　读书方法

观察一个人的读书方法，可以看出他的读书兴趣和其造诣的浅深。这句话固然未可当作绝对的标准，但是大致是无甚差误的。从前塾师教小学生死读《大学》《中庸》一类深奥的书，并教以先要"安详恭敬"（朱熹语），不从，则临之以夏楚，一般天真烂漫的小学生，乃视读书为畏途。这是方法影响他的读书兴趣。因为没有良好的方法，而书又不可不读，于是有一些学者尽量地死读书，读死书，到头童齿豁，而数百字时文，乃有未通顺者。或读书数十百卷，而无一句足资应用者，都算是方法下的牺牲品。曾氏为时代所限，积习所限，其所举读书方法，当然与现代教育理论犹未免于差池，然而踏实诚拙，是其天性，由是踏实诚拙之天性，乃产生他实事求是的读书方法。盖读书最忌取巧，取巧固有时可以得到书中一知半解的皮毛，若想求深造，求本原，求前人未发之秘，皆绝对不能存丝毫取巧之心。不但不能取巧，凡学术造诣愈深者，恒用力愈拙。西人往往为发明一理论，不惜穷毕生之力以求证据，必待数十百千证据都相同了，然后才敢自信。清朝汉学大师，亦尝为一字一义，而求数百证据。在聪明人看起来，不是太拙了吗？而不知他的造诣，即从这拙中得来。许多聪明人而异常浅薄，就是因为不愿用这拙的功夫。而况书中趣味，真是仁者见仁，智者见智，深者得深，浅者得浅，精蕴之处，全要自己求得，才为己有。父兄师友拿他自己心得来告诉我们，固亦可以启示一二，然究竟与我自己得来者，是两样意味。然则读书可以不用方法了？是又不然。方法好像是指示我们一个方向，告诉我们这方向的路道上，有什么河溪，有什么山谷，应该坐车，或应该坐船？至于路上风景的如何美观，便要你自己去看才能亲切。方法又如矿师告诉我们矿苗的所在与开掘的方法，我们虽然明白了何处有金矿，何处有银矿，亦且明白了怎样开掘的方法，然而实行去开掘，便非我们自力不可。至于采获多少，更须视我们用力如何与毅力如何，方能决定。现在青年又太重视方法，而忽于自己的实力，对学问不愿下苦工，成就安能不薄？而其最大原因，则在专欲取巧。我所取于曾氏读书法者，就为他这种脚踏实地毫无取巧的精神。至其所举应读的书籍，自然有许多已受时代的汰除，但是他的方法，却最足以给我们仿效，我们当然不能去其精华，而求其糟粕。

他的读书方法可以分四项说明：（1）看、读、写、作。（2）专精一业。（3）求明了勿求强记。（4）分类笔录。怎样叫看、读、写、作呢？他说：

读书之法，看、读、写、作四者，每日不可缺一，看书如尔去年看《史记》《汉书》《韩文》《近思录》，今年看《周易折衷》之类是也。读者如《四书》《诗》《书》《易》《左传》诸经，《昭明文选》，李、杜、苏、黄之诗，韩、欧、曾、王之文，非高声朗诵则不能得其雄伟之概，非密咏恬吟则不能探其深远之韵。譬之富家居积，看书则在外贸易，获利三倍者也；读书则在家慎守，不轻花费者也。譬之兵家战争，看书则攻城略地，开拓土宇者也；读书则深沟坚垒，得地能守者也。看书与子夏之日知所亡相近，读书与无忘所能相近，二者不可偏废。至于写字，真行篆隶，尔颇好之，切不可间断一日，既要求好，又要求快，余生平因作字迟钝，吃亏不少，尔须力求敏捷，每日能作楷书一万则几矣。至于作诸文，亦宜在二三十岁立定规模，过仕后则长进极难。……少年不可怕丑，须有狂者进取之趣，此时不试为之，则后此将不肯为矣。（咸丰八年七月二十一日舟次樵舍下与纪泽函）

看生书宜求速，不多阅则太陋；温旧书宜求熟，不背诵则易忘。习字宜有恒，不善写则如身之无衣，山之无木；作文宜苦思，不善作则如人之哑不能言，马之跛不能行。四者缺一不可。

　　这可算是读书方法的初步。看、读、写、作四者，缺一不可。四者的界说与效益，他都言之綦详。四者之中，除写字一门，现在不甚注意外，其他三项今日为学之士，仍不可偏废，尤其是读书与看书，他说得最为透彻。盖读书意在求熟，看书意在求速，熟然后可以专精，速然后可以广博。学者须先有若干部烂熟之书在胸中，然后再去涉猎群书，方无阻碍。此如为将官者，自己手练精兵若干万人，赴汤蹈火，略无难色，然后以此若干万人为主，协同其他新练之兵，攻城略地，则不但手练精兵无往不利，即新练之兵亦将无往不利。读书看书，亦正如此。学者苟有若干部烂熟而又深彻了解之书在胸中，然后看书自可以速，且易了解。现在青年对于熟读一事，恒视为畏途，不要说整部书不能读熟，即学校几篇国文讲义，要希望他们读熟，都不是容易的事。胸中连几篇熟文章都没有，更哪里能谈得到看书？即看书亦如何能深彻了解？又如何能作得出清晰明畅的文章？就我的经验：看书作文，都要以胸中熟书多寡为标准，不先注意熟读，乃欲做成好文章，或求看书之速，是皆缘木求鱼之事。我是笃信初步为学必须熟读的人，看书作文，都须以熟读为根基。当然不是一切作品，都要熟读，但是其重要者确非熟读不可。不能全读者，则须多看，所谓不多看则太陋也。我以为读书最好分三部：（1）熟读之部；（2）常看之部；（3）涉猎之部。常看者就是不止看一次，涉猎者一眼看过，得其大意即足。

　　曾闻前辈先生云：曾氏最讲读法，声调神态，均极入妙。证之他自己的言论，尤觉此言之足信。他曾告诉其子纪泽云："尔欲做五古、七古，须读五古、七古各数十篇，先之以高声朗诵，以昌其气，继之以密咏恬吟，以玩其味，二者并进，使古人之声调拂拂然若与我之喉舌相习，则下笔为诗时，必有句调凑赴腕下。"在他日记中，亦曾说到"温苏诗朗诵颇久，有声出金石之乐。因思古人文章所以与天地不敝者，实赖气以昌之，声以咏之。故读书不能求之声气二者之间，徒糟粕耳。"在这两小节中，我们几乎可以听到他那铿然如出金石的书声了。尤透彻的，就是他所谓高声朗诵，密咏恬吟，相习既久，则下笔为诗时，必有句调凑赴腕下。岂但作诗是如此？作文亦何独不然！初学为文，往往字句生硬，或上气不接下气，都是未能常使古人之声调拂拂然若与己之喉舌相习的缘故。所以我觉得这一段虽然说的是看、读、写、作四种，除了写字一门，其余三者，我以为读是一个纲领。

其次便要专精一业。他尝说："用功譬若掘井，与其多掘井而皆不及泉，何若老守一井，力求及泉而用之不竭乎？"在他《圣哲画像记》那一篇中，亦力言广心博骛之病，而主专攻一学，所以他教子弟，总是以专精为主。他说：

> 求业之精，别无他法，曰专而已矣。谚曰："艺多不养身。"谓不专也。吾掘井多而无泉可饮，不专之咎也。诸弟总须力图专业。……若志在穷经，则须守一经；

志在作制义，则须专看一家文稿；志在作古文，则须专看一家文集。万不可兼营竞骛，兼营则必一无所能矣。凡专一业之人，必有心得，亦必有疑义。诸弟有心得可以告我共赏之，有疑义可以问我共析之。（道光二十二年九月十八日致诸弟书）

读书之道，有不可易者数端：穷经必专一经，不可泛骛。读经研寻义理为本，考据名物为末。读经有一"耐"字诀，一句不通不看下句，今日不通，明日再读，今年不精，明年再读，此所谓耐也。读史之法，莫妙于设身处地，每看一处，如我便与当时之人酬酢笑语于其间。不必人人皆能记也，但记一人则恍如接其人；不必事事皆能记也，但记一事则恍如亲其事。经以穷理，史以考事，舍此二者，更别无学矣。盖自西汉以至于今，识字之儒，约有三途：曰义理之学，曰考据之学，曰辞章之学。各执一途，互相诋毁。兄之私意，以为义理之学最大，义理明则躬行有要，而经济有本；辞章之学，亦所以发挥义理者也；考据之学，吾无取焉矣。此三途者，皆从事经史，各有门径。吾以为欲读经史，但当研究义理，则心一而不纷。是故经则专守一经，史则专熟一代，读经史则主义理，此皆守约之道，确乎不可易者也。若夫经史而外，诸子百家，汗牛充栋，或欲阅之，但当读一人之专集，不当东翻西阅。如读《昌黎集》，则目之所见，耳之所闻，无非昌黎，以为天地间除《昌黎集》而外，更无别书也。此一集未读完，断断不换他集，亦专字诀也。（道光二十二年正月十七日致诸弟函）

大概贪多而不务得，原是青年最易犯之病状，在已有看书能力的时候，常会泛滥无边地乱翻乱看，无系统，无中心目标，这样看去，终不会有精蕴的心得，终其身亦难有专长。犹如自己手里没有精锐之士，所部尽新募之兵，当然指挥不灵，而不能有一定趋向。曾氏所谓专一经，专一史，绝不是教人除此一书之外，不阅他书，他屡屡叫人要多看书，谓不多看则太陋。此所谓专，就是要求精之意，欲求精必须专，专有二义：一谓专艺，二谓专心。专艺就是专一经或专一史，或专攻其他任何一书，均谓之专，但须研寻其义理，考证其名物。如练兵然，必练成可以赴汤火蹈白刃者，始谓之精。经则专主一经，史则专熟一代。一句不通，不看下句，今日不通，明日再读，今年不精，明年再读，把一部书研究得精通烂熟，甚至终身以此一书为研究之中心，是之谓专。他认为专字是读书一个秘诀，故除专艺之外，还要专心。怎样专心呢？就是拿全副精神，专注在一种书上，所谓用志不分，乃凝于神。他说："读《昌黎集》则觉天地间除《昌黎集》外，更无他书。"这真是最精彻的秘诀。现在学校之中，要说终日沈潜于一书，自是不可能之事实；但是取法他的意思，用全副精神去看书，还是可能的。虽只看书一小时，就在这一小时内，聚精会神，忘却书外的一切，这是应有的习惯；至于一本未完，断断不换他书，也是我们应该取法的。

在这种情势之下，最怕的就是遇着难关，便自抛去；则不但不能专业，更谈不到专心。所以他在专字诀后，又加一个耐字诀。大概这两个字，是不能拆开的，因为无论何种书籍，总有相当的困难，定要胜过这种困难，才能前进；假如稍遇困难，即便丢去，则根本即谈不到看书，更遑论专业？所以他叫人要耐。我觉得遇难关固然要耐，遇兴趣缺乏之处，亦须要耐。因为一种书的内容，优劣不一定与兴趣成正比例，有时理论愈深，兴趣犹愈减少，必待用力钻研之后，兴趣才由胜过难关中益然而出，这是耐的收获。现在一般人遇稍难之书不愿看，分量稍大者亦不愿看，都是缺乏耐性的表现；而现在作品，总是分量不甚多，内容充满刺激性者，也就是为要迎合这种缺乏耐性的弱点。我以为每一种书，在未看之先，宜稍审慎，不合意者，尽可不看，既看则无论若何困难，若何无兴趣，均须看到底为止，一书不完，决不更换他书，纵或内容未必皆精，亦宜耐着性子看完，然后才知道书内的好处在哪里，坏处在哪里。能知得书中坏处所在，虽未得益，也就算是得益了。

有一个问题为一般人最易发生者，就是书已看了，记不得，奈何呢？与其记不得，还不等于不看吗？这句话说得有点似是而非。看书记不得的原因，大概是自己对于某项根基太浅，而骤看较深之书，当然不容易记得；然而虽不容易记得，看了一遍自己脑筋中却已留下一个无形的印象，到将来再看相类的书籍，就比看第一本时容易多了。所以不能说记不得，就等于不看。关于这个问题，曾氏有深切著明的解释。他说：

读书记性平常，此不足虑，所虑者，第一怕无恒，第二怕随笔点过一遍，并未看得明白，此却是大病。若实看明白了，久之必得些滋味，寸心若有怡悦之境，则自然记得矣。（咸丰九年六月十四日与纪泽书）

凡读书有难解者，不必遽求甚解，有一字不能记者，不必苦求强记，只需从容涵泳，今日看几篇，明日看几篇，久久自然有益；但于已阅过者，自作暗号，略批几字，否则历久忘其为已阅未阅矣。（咸丰五年五月二十六致诸弟函）

纪泽儿读书记性不好，悟性较佳，若令其句句读熟，或责其不可再生，则愈读愈蠢，将来仍不能读完经书。请子植弟将泽儿未读之经，每日点五六百字，教一遍，解一遍，令其读十遍，不必能背诵，不必常温习，待其草草点完之后，将来看经解，亦可求熟；若蛮读蛮记蛮温，断不能久熟，徒耗日功而已。（咸丰五年正月

十八日致诸弟函）

　　读书不求强记，此亦养身之道也。凡求强记者，尚
有好名之心，横亘于方寸，故愈不能记。若全无名心，
记亦可，不记亦可，此心宽然无累，反觉安舒，或反能
记一二处，亦未可知。此余阅历语也。（咸丰五年七月初
八日致诸弟函）

平常所谓读书记不得者，大概是因为走马看花，并未把内
容看得明白；假如把内容理论看清楚了，条理看清楚了，不求过
速，亦不停止，自然会得到书中趣味。他所谓寸心若有怡悦之
境，真是阅历之言。这个境界是我们个个人经历过的不过未深注
意罢了。我们回想看到一种透彻淋漓的议论，一字一句，皆能入
人心坎，几乎句句为我心中所欲言，而又句句为我所说不出来
者，当此之时，我们心中的滋味如何？就我的经验来说，就是一
种说不出来的快活。假如看书能常得到这种境界，则万无不记得
之理，更无须乎强记。这是教育心理学中所谓理解记忆法。还有
许多机械语句，如何去记呢？曾氏的意思，是不必苦求强记，只
需从容涵泳，时时翻阅，常在眼中经过，自然可以在不知不觉间
记得。最坏的是蛮读蛮记，这样在儿童便要戕贼其天性，愈读而
愈蠢；成人亦将残害其身体，终亦不能多记。他说凡求强记者，
有好名之心，横亘于方寸，故愈不能记。这是因为太不自然的原

故。我觉得看书最重要者，应在看的时候，把内容弄明白了，不必存心去求记，遇到重要的地方，拿起笔来，加他几个圈点，或者加些符号在字句旁边，或把重要句子提在书眉上，或把自己意见批在书眉上，都可使脑筋中多留些书的印象。有人说一种书多看几遍，不就可以记得了吗？固然，一本书看了一遍，连着再看一遍，时间既较经济，效力且更加大，方法自亦不错；不过我觉与其把同一书本多看几遍，倒不如将同样性质而不同样的书本，多看几种，兴趣可以不枯，效力仍可加大。譬如看中国史，第一遍看的是甲编的，第二遍最好是找一本乙编的本子来看。如此既可比较，又等复习，兴趣比专抱一个本子浓厚多了。这是我个人平时阅历如此，不知别人亦如此否。

还有一事，为读书时应注意者，就是不要把书籍看得太宝贵了。书上不轻动一笔，写一字，外表看来似乎是爱惜书籍了，其实是最坏的事。我觉得看书应充分的动笔，涉猎之书不必如此。凡与本书有关系者，一律抄到书上，不足，再用札记本子，这是前辈先生所重视之事，而亦研究学问之不二法门。赵翼《廿二史札记》，王念孙《读书杂志》，俞曲园《群经评议》《诸子评议》，孙诒让《札迻》……都不过这项工作的扩大而已。所以无论研究什么学问，读书笔记，总是少不了的。曾氏尝恨自己生平写字迟钝，抄录札记不多，引为大憾，故时时以此事教导子弟。

余于"四书五经"之外，最好《史记》《汉书》《庄子》《韩文》四种，好之十余年，惜不能熟读精考。又好《通鉴》《文选》及姚惜抱所选《古文辞类纂》，余所选《十八家诗钞》四种，共不过十余种。早岁笃志为学，恒思将此十余书，贯串精通，略作札记，仿顾亭林、王怀祖之法。今年齿衰老，时事日艰，所志不克成就，中夜思之，每用愧悔。泽儿若能成吾之志，将"四书五经"及余所好之八种，一一熟读而深思之，略作札记，以志所得，以著所疑，则余欢欣快慰，夜寝得甘，此外别无所求矣。（咸丰九年四月二十一日致纪泽函）

近世文人如袁简斋、赵瓯北、吴谷人，皆有手抄辞藻小本，此众人所共知者。昌黎之记事提要，纂言钩元，亦系分类手抄小册也。尔曾看《说文》《经义述闻》，二书中可抄者多，此外如江慎修之《类腋》及《子史精华》《渊鉴类函》，则可抄者尤多矣。尔试为之，此科名之要道，学问之捷径也。（咸丰九年五月初四日致纪泽函）

大抵有一种学问，即有一种分类之法；有一人嗜好，即有一人摘抄之法。从本原论之，当以《尔雅》为分类之最古者。……余亦思仿《尔雅》之例抄纂类书，

以记日知月无忘之效，特患年齿已衰，军务少暇，终不
能有所成，或者余少引其端，尔将来继成之可耳。（咸
丰十一年九月初四致纪泽书）

中国学术素乏精密的科学系统，学者初入其门，如入百戏
场中，千变万态，应接不遑；才智之士，把自己读书心得写出
来，或把经史等书拆散了，再依其性质分为若干类，如《渊鉴
类函》等，都不过是读书之时，为便于自己翻阅，但是及其成
功，乃为极有价值的类书，与极有价值的读书札记，可为后学
者学问捷径。然此又非必大学问家始能为此，凡读书人都能为
之；惟不必急求发表罢了。赵翼、王念孙、俞曲园、孙诒让诸
人，当他笔录的时候，何尝念及传诸后世？盖读书之士，既莫
不有其心得，即莫不应有其读书笔记。他说有一种学问，即有
一种分类之法；有一人嗜好，即有一人摘抄之法。他这几句话
很有科学方法的思想，可惜他自己军务少暇，未能做一个榜样
给我们看，这是他自己抱憾的地方，亦是我们应以为可惜的事。
不过他指我们这个分类笔录的道路，总是不错的。只是有一点
应认清楚的，就是他那时所谓分类笔录，大都是为文章辞藻，
为夺取科名之要道。现在为学，科目繁多，当然无暇及此，然
与自己性情相近的学科，仍应备有读书笔记，或卡片，或活页
抄本，或固定抄本，要随时随地，逐处留心，凡与自己欢喜研
究的那门学科有关系，足以补吾研究之资料者，无论古书今书，

报章杂志，名人演讲，虽一鳞一爪，都应把他录在本子上面。研究学问应有一个"牛溲马勃，败鼓之皮，俱收并蓄，待用无遗"的精神。纵或有些材料不甚精粹，亦可供相当的参考。这种工作，说小一点，可以补充书本之不足，而便于阅览，说大一点，则大学问家、大著述家的搜集材料，都不出此途。所以我尝觉得读书最重要者，就是笔不能懒。

以上所述读书方法，可以说是四个步骤，可以说是四种研究学问的方法。为学之初，看、读、写、作缺一不可；次则宜就自己所喜悦者，择一艺以求专精；然又不可局于一隅，以至于太陋，故须多方阅读；阅读有得，随手笔之。此所谓四个步骤。四者之中，以专精一业为中心，看、读、写、作是专精一业以前的事，阅读为广求所专之业之补助材料，笔录亦是以所专精者为中心。这是就表面次序说如此，实际亦并不是有一定的封域。专精一业时，并不是抛弃了看、读、写、作，分类笔录等，更不是抛弃了前面那三项工作。故自初学的次第言，似乎是四个步骤；自研究的中心言，则此四者，乃是四种方法，缺一不可。

读书是学问路道之一，做学问当然不是死读书；但是不读书亦不足以言学问。且如本书所述曾氏之学，其大者曰修养，曰治事，似乎皆非书本上事，然若完全抛弃了书本，则其修养者，必不至有如此健全，而所治之事，恐不能如此细大不捐，群下从风向善。他以一匹夫而转变一代风气，第一是他以身作则的精神过人，第二是他研究有素的学识过人，有此二者，故一言一动，皆足以服当世人心。我觉得他为官数十年，处处是以学术化人，人格感人，从未凭借他的势位，任意宰割人民，强人民以从己，这是最使我们怆然仰慕的事！

附　曾国藩

自　序

从前奥国（指奥地利帝国）欺压意大利，说："意大利不过是地理上一个名词。"侵略侮辱，无所不用其极，然而未几何时，意大利是独立了，民族是复兴了，失地是收复了，国耻是洗雪了。此何以故？曰："民族精神未死之故。"

现在我们国势的危急，已不下于当时的意大利，然而一般国民，犹懵然视国家将亡，若无事然，这是多么可痛的事情！所以要做复兴事业，第一步是要复兴我们的民族精神。只要民族精神不死，国家迟早是有办法的。

曾国藩的长处，不在治军，不在为政，而在他那副始终不变的精神。我们现在每人都应该有他那一副精神，才能担当救国的大任。这本小书，对于曾氏事业文章，当然未能详尽，但是有此一编，已可略知曾氏生平事业的大概，与其立身行事的精神了。

我以为青年心目中，不可不有一位理想的导师，有了一位理想的导师，自己行动就有了标准。遇自己松懈的时候，自然而然地就会有一种督励的力量，这种力量，比父兄师友的教导，还要来得切实而有效。青年既负未来最大的责任，宜有一种训练自己的方法，假如立身行事，拿曾氏做个标准，精神必益淬励，身心必益健全。大而言之，国人若能皆有曾氏那副精神，至少对复兴事业，可增加一部分极大的力量，民族复兴之路，未尝不在于斯也。

二十四年八月一日

哲敷序于苏州抱一庐

第一章　曾国藩的时代

在离开我们现在一百二十几年以前，湖南湘乡地方，诞生了一位时代英雄。自从他任用之后，中国政权才渐渐地由满人手里，转移到汉人手里，清朝寿命，因之延长了六七十年，中国近年来一切新兴事业，也算在他手里种下了一个小小的根基，这人的确要算中国近世史上一个专属的人物，他是谁？便是本书所要说的曾国藩。

他生于民国纪元前一〇一年（公元一八一一年，清嘉庆十六年十一月十六日），这时清朝极盛的时期已经过去了，拿天上太阳来说，此时已是偏西的时分了，拿一个人生来说，已是五十以后的人了。因为清朝在乾隆时，形式上确是文教武功，均极一时之盛，但是后此一切衰乱之征，亦都在此极盛时期，种下根源。正如一个人在壮盛之时，仗倚着自己身体强健，种种戕生之事，无所不为，一至中年以后，便百病丛生，不可支持了。嘉庆、道光两朝的政象，正是如此。而本章所谓曾国藩的时代，亦应以此两朝为最重，因为他的成就大半是时代造成的，虽然他在嘉庆十六年始生，但是自嘉庆以来的一切政象，无处不是激励英雄的资料。他是这个时期激励成功的，他的对手洪秀全一班人，也是在此时期激励成功的（秀全生嘉庆十七年，少曾氏一岁），不过他们站在相反的战线上，所以成功也是相反的方向。因此这几十年国内外大势，很有一述的价值，现在分四项叙述如下：

一　军政的腐败

清朝政治，要以嘉庆、道光两朝为腐败达于极度的时期。这大部分的原因，自然是由于这两人庸懦无能、用人不当，但亦有一部分原因，是由于嘉庆的父亲——乾隆在位的时候，挥霍太过度了，把国家的元气斫丧得太厉害。在乾隆中年以后，国中现象，已处处表现着外强中干，晚年又经一位权相和珅的贪赃枉法、剥削小民（嘉庆时，和珅赐死家产约八万万两），百姓乃更无以为生了。当此之时，纵有英明之主，励精图治，犹不易恢复百姓的元气，何况嘉庆、道光是那样庸暗而不识大体呢？

谈到军事，当满族未到中国之前，的确是很强悍，所以能统一满洲内部的各小部落。自从到了中国之后，一见中国财物，他们就腐化了，就不愿多上前线去打仗了，其所以能统一中国，实在是吴三桂、孔有德、尚可喜、耿仲明一班汉族败类，带着自己军队去投降他们，并且替他们来杀自己的同胞，给毫无文化的满人来坐享其成，做中国的皇帝。他们统一中国之后，军队大概分两部分：一部分是旗营兵士，将官都是满洲人；还有一部分叫作绿营，是内地各省的地方军队，招汉人当兵，军中的旗帜用绿色，号为绿营兵。旗营兵士固然是养尊处优，吃粮不打仗了，就是绿营汉兵，也因为受满人嫉妒和防范，也渐渐地腐化起来了。平时既训练无方，而营规又不严厉，嘉庆初年，有人上书就说："京兵不习劳苦，不受约束，征剿多不得力，距达州七十里之地，行二日方至。"（嘉庆四年经略勒保所奏）即此数语，已可见当时军队腐败的状况。他如军官扣饷，纵兵劫掠，更是普通现象。到曾国藩时，当然更是腐败不堪。在他《议汰兵疏》上面有几句描写当时兵伍情状最痛快。他说："漳泉悍卒，以千百械斗为常；黔蜀冗兵，以勾结盗贼为业；其他吸食鸦片，聚开赌场，各省皆然，大抵无事则游手恣睢，有事则雇无赖之人代充，见贼则望风崩溃，贼去则杀民以邀功。"总之到嘉、道之时，不论满兵汉兵，都腐败透了。"吸鸦片，开赌场"，就是他们的职业；"勾盗贼，杀百姓"，就是他们的事功。

再谈政治：专制时代的政治好坏，全凭皇带一人的意志而决定，嘉庆是优柔寡断的人，道光是慎小谨微的人，都是中才以下的主子。嘉庆时常州人洪亮吉上书言时事，切中时弊，人争传诵，即嘉庆自己亦深知亮吉所言不错，把他这篇书装潢起来，常摆在自己旁边，当作良规，但是对于洪亮吉却始终不进用。这样见贤而不能用，政治哪里能有起色？道光在历史上很以俭德著称，甚至他自己的服食器用，都不忍妄费一文钱，还确是中国史上不可多得之主。但是他在位三十年，吏治日非，民生日困，卒酿成千古未有之奇耻大辱，其所以然的原因，我以为在先系由于曹振镛的逢迎，在后则由于穆彰阿的弄权。道光即位之初，曹振镛即任首相，振镛不学无术，而善于窥探人主的心意，以设法逢迎，当时道光不欢喜大臣进谏，振镛乃向帝建议，教他将臣下所上的书札，无论所言何事，摘其中细微的错误，与文中破体字，惩戒一二人，臣下便要害怕而不敢多言了。道光听从了他这个计策，以后果然没有人敢轻于进谏，言路因之壅塞，人才更无从表见。道光十五年，曹振镛死，穆彰阿继任，揽权怙势，结党营私，其妒贤害能，不减乾隆时的和珅。道光三十年中，有了这两位祸国殃民的宰相，所以政治败坏，民不聊生，内乱外患，接踵而来，几乎把整个国家都断送了，也是嘉、道两朝军政腐败的结果。

二　民间的变乱

嘉、道两朝，几乎时时在变乱之中，其原因自然是官吏搜刮得太厉害，社会经济破产，人民生计一天苦似一天，国内各民族都有些痛恨了，而清朝的军政情形，又腐败到那样地步，统驭力已经是谈不到了，汉族的民族思想，暗中便很活动。在下层社会里结集了不少的小组织，或托宗教的名义，或托某某会的名义，而共同目标，则在恢复朱明。乾隆末年白莲教徒刘之协奉了河南鹿邑地方的一个小孩子名王发生，诳说他是明朝的后裔，想拿他做一扇招牌，号召起事。后来这事败露，发生被捕，之协逃走，清政府很严厉地搜捕之协和他的同党，在河南、湖北、安徽三省各州县，逐户查缉，人民惶扰，牵连到几千人之多。

嘉庆即位的第一年，散布民间而深被压迫的白莲教，就大举反清。这一次的规模很大，各地起来响应的很多，其势力蔓延到湖北、四川、陕西、甘肃、河南五省之地。清政府的军队，是不习劳苦，不受约束，七十里路要走两天，而长官贪婪，冒领粮饷，又各处皆是，所以这次的变乱，竟费了九年的工夫，二万万两的军费，才算把它平定。

北边的白莲教，固然闹得清廷惊心动魄，手忙脚乱；而同时南方一带的哥老会、三合会等异名同实的秘密结社，又到处皆是，其共同目标，都是要为朱明复仇，他们有几句誓词叫作："如天之长，如地之久，历千万年，必复此仇。"因此他们时时在那里要想做复仇事业，后来孙中山组织兴中会，三合会头目郑弼臣曾联合起兵于惠州，哥老会会员亦多数加入革命军。这是汉民族的变乱，此外回民之乱、苗民之乱，在道光一朝，就几乎无一岁得安，最后乃积成太平天国与捻回诸大变乱，清廷得延残喘，真是意外之事。

三　外交的棘手

自乾隆时英使马戛尔尼（Macarthey）、斯当东（George Staunton）

来中国要求传教通商，未能成功，反受折辱回去了；到一八〇八年（嘉庆十三年），英复派舰来华，欲占领澳门，以防范法国，保护中、英、葡贸易为词，且愿与中国协剿海贼，亦为中国所拒艳。一八一四年，两广总督更奏定几条禁例，以防夷汉交通，但英国必欲在中国得一位置，免受贸易上种种钳制，因于一八一六年复派前印度总督亚墨哈斯（Amharst）为专使来中国，期解决两国的纠纷，确立通商的地位，乃又因见皇帝时礼节的问题，英使不愿行叩头礼，临时称病不到，嘉庆自以为天下共主，英使臣如此倨傲侮慢，荒谬无理，严旨斥逐回国。自是之后，中英邦交日益恶化，识者早有隐忧了。果然，到了道光二十年，而有鸦片之战。一战之后，赔款失地，清廷一切弱点，都暴露无余。凡前此以天朝自命的架子，都完全打翻了。人民生于这种极度腐败政况之下，安得不喊着"官逼民反"呢。

四　世界民治思想的迈进

说也奇怪，这时中国境内固然是民族思想时时在那里发动，同时世界民族思想，也欣欣向荣地澎湃着。一七八九年、一八三〇年、一八四八年，是世界最有名的法兰西三次大革命发生的年份，经过这三次的革命，自由之神乃把自由种子，播散到全欧洲的各处，甚至全世界的各处，各民族里的自由之花，都开放得很美丽了。中美、南美的许多小国，是纷纷独立了，欧洲的比利时也独立了，波兰、日耳曼、意大利，都在那里做独立运动和统一运动。意大利、匈牙利，也在做他们激烈的革命运动。就是守旧的美国，也受潮流影响，而有扩充选举权的运动。以上这许多事，大概都发生在一八〇〇年至一八五〇年之间，正是我国嘉庆五年到道光三十年的时候。

其实中国此时人民思想，并未与西方相接，国内各民族的纷纷变动，也并不是受他们的影响，然而国内各民族，却是前仆后继地前进，这不能不说是一件奇妙的事。大概此一时期，整个世界民治思想，都在那里澎湃，所以中国民族也受自由之神的怂恿，在那里应运而兴，做他们的革命事业。曾国藩本是一个反潮流的人，只因为那些所谓革命领袖，实际仍是充满了帝王思想，并不明白什么民治的意义，他们既未能成正果，所以就造成了曾国藩这样一个时代英雄。

第二章　曾国藩的身世与家庭

　　曾国藩，字伯涵，后又改字涤生。他的先世，原是湖南衡阳的籍贯，到清朝初年，方由衡阳迁到湘乡，遂为湘乡人。他祖父叫曾玉屏，号星冈。星冈有二子：长曰竹亭，就是国藩的父亲。国藩幼时，最得祖父的抚爱，他生平立身为人的基础，多半得之于祖父，而曾氏家庭，也从他祖父手里，才渐渐发扬起来。

　　曾氏由明代以来，世世业农，积善而不显于世。星冈为人笃实勤谨，勇于迁善。当他少年的时候，尝欢喜同湘潭那里一般阔少们吃酒闲荡，酒吃醉了，就在酒楼里酣睡，到次日早晨，太阳已出得很高了，他还酣卧未起。当时地方长老，有讥讽他的说："此子如此轻薄，将来必覆其家。"星冈听到了这话，立即自责，当时就把自己的马卖了，徒步回到家中。自是迁善改过，刻苦耐劳，每日天未明即起，终身不曾倦怠。重农事，尚朴质，整理家务，凡事立定规模。此后国藩所谈的治家教子，乃至修己治人之方，大多数都是发源于此。他尝说："余于起居饮食，按时刻各有常度——皆法吾祖吾父之所为，庶几不坠家风。"所谓家风，就是他祖父手所建立的一切规模，他终身未尝稍变。

据说曾国藩在二十岁以前，行动很不自检点，虽然也读书为文，恐怕还是自古相传"文人无行"那一派的文人，与他后来立志学圣贤，完全是两副面孔。当他二十一岁改字涤生时，曾痛责自己说道："涤为涤去旧染之污，生如袁了凡所谓'以前种种譬如昨日死，以后种种譬如今日生'。"大概这是他幡然痛改前非的一个大纪念，对少年行径，深自不满，所以终身自待，非常严厉。看他自己的座右铭："不为圣贤，便为禽兽；不问收获，只问耕耘。"都可见到他确是二十岁以后才建筑一个新生。就是学问方面，在二十岁左右，亦只是以诗文末技，著于乡里，根本大道，都还没有望见。到他二十五岁的时候，已经中过举了，到京师去会试落第，从此即在北京住了十六年（道光十五年至咸丰二年）。这十六年，在他整个人生中，占极重要的地位。他生平的学问，最大多数是这时做成的，而京师为人文荟萃之区，他生平所得力的名师益友，亦多半是在此时结识的。此十六年，可以说是他修炼时期，以后便是他应用时期，或者说是印证时期了。盖自咸丰二年奔母丧后，他的生活，便从此不能安定，虽然后来戎马仓皇之际，枪声剑影之中，仍读书为学不改常度，但是要没有以前那十六年切实修炼的根底，则以后成就不会有这么大，即处世接物，也不会有那样从容裕如。所以我把他生平分做三个时期：二十岁以前，是他少年时期；四十二岁以前（咸丰二年曾氏四十二岁）是他修炼时期；四十二岁以后，是他事业时期。

国藩兄弟五人，他居长；次国潢，字澄侯；次国华，字温甫；次国荃，字沅甫；国葆最少，字季洪。四个弟弟，都是国藩教导成人，至于显达。后来国华与湘军名将李续宾同阵亡于安徽三河。国葆佐国荃攻克安庆，积劳成疾，在围攻南京时病殁。国荃以攻克南京成大功。国潢身体较弱，始终在家中料理家务。这是他们兄弟间的情形。

国藩有两个儿子，五个女儿。长子纪泽，曾历使英法俄诸国，官至户部左侍郎，中西学术，都很不错。次子纪鸿，颇精于数学，但是三十四岁就死了。他最小的一位女公子，就是今尚健在，而尤热心社会事业的崇德老人（著有八十自订年谱颇可参阅）。

国藩家庭，有极严肃的家风——大部分是星冈公创立的，又经过他的增补，乃成为曾氏家训。关于星冈公所创制的家法，国藩把他归纳成功八字、三不信。八字就是“早、扫、考、宝、书、蔬、鱼、猪”。早，就是家中无论何人都应该早起。扫，就是家中各处，每日都要扫得干干净净的。考，就是按时诚敬地祭祀祖先。宝，就是要带人宽厚，凡亲族乡里，应时时周旋，贺喜吊丧，问疾济困，力所能及者，都应该尽量去做，因为他祖父曾经苦诉他：“人待人，无价之宝也。”所以他就把这一类事归纳成功一个“宝”字。书、蔬、鱼、猪，就是读书、种菜、养鱼、养猪。他在军中，还由长沙亲雇园丁，率领兵士于闲暇时种植菜蔬。他说：“蔬来由手植手摘，味道更好。凡一样东西，自己累来的吃下去，心也是安的。"又说："蔬菜不茂盛，即家道衰亡之兆。"又谓："施粪耕作，为我家之祖训。"他不因为地位高了，就看轻这一类事。又有所谓三不信，就是不信地仙、不信医药、不信僧巫。他均守之终身，不敢稍变。

此外他对家中子弟所谆谆告诫，令其勿堕家风者，就是要戒骄戒惰。大概官家子弟，最难免的就是这两件事，而世家大族，所以由兴隆而至于衰替，也全是由于这两件事；因为他们根本不知道什么叫作稼穑艰难，养尊处优，左右前后，趋承供奉，无微不至；在这种环境之下，自非智识特达、器量过人者，安得不骄？安得不惰？他做了几十年官，对这件事好像无时无刻不记在心头。咸丰六年，他在江西正是军事吃紧的时候，给纪鸿的信说：

> 由家中来营者多称汝之举动，可为成人，听之稍慰。凡人多愿子孙为大官，予不愿大官，但愿为读书明理之君子。勤俭自持，习劳习苦，此君子也。予在官二十年，不敢染官宦之气习，饮食起居，尚守寒素之家风，极俭亦可也，略丰亦可也，太丰我不敢也。凡仕宦之家，由俭入奢易，由奢返俭难。尔年尚幼，切不可贪爱奢华，惯习懒惰。无论大家小家，与士、农、工、商，勤苦俭约，未有不兴；骄奢怠倦，未有不败。尔读书识字，不可有间断，早晨要早起，决勿堕高曾祖考传

来之家风；吾父祖黎明起床，汝知之乎？富贵功名，皆
有命定，半由人力，半由天命；惟学为圣贤，全由自己
作主，与天命不相干涉。尔宜举止端庄，不妄发言语，
则入德之基也。

这一类意思，在他家书和日记中，触目皆可见到。

骄惰的对面就是勤俭。大概骄则必至于奢，奢则不能返俭；
惰则不求奋发有为，势必至于淫而忘善。于是他为骄惰这两种
病，下两种药方，就是勤俭。能勤偷自然就不会骄惰。他更进一
步替他们订出具体的课程，使日日为之而不断，自然就会到勤俭
的地步，而不至于蹈骄惰的恶习。他说："吾家男子于'看读写
作'四字缺一不可，妇女于'衣食粗细'四字缺一不可。"

看就是看书，读就是读书，写就是写字，作就是作诗文。凡
须熟读精思的读物，都是他所谓读的范围。凡不须熟证精思，只
须一眼看过的，都在他看的范围之内。他说："读书非高声朗诵，
则不能得其雄伟之概；非密咏恬吟，则不能探其深远之韵。譬之
富家居积，看书则在外贸易，获利三倍者也；读书则在家慎守，
不轻花费者也。譬之兵家战争，看书则攻城略地，开拓土宇者
也；读书则深沟坚垒，得地能守者也。二者不可偏废。"写字就
是练习各体字，如真字、行书、篆字、隶字，一日不可间断。他
说："既要求好，又要求快。"他叫人要练习到每日能写一万个真
字，就差不多了。做文他说要在二三十岁时，立定规模，三十岁

后，则长进极难。又说："少年不可怕丑，须有狂者进取之趣，此时不试为之，则后此将不肯为了。"这是他家男子的功课。

妇女的功课，据崇德老人八十自订年谱云，同治七年三月，由湘东下，至江宁，入居新督署，文正公为余辈订功课单如下：

早饭后	做小菜点心酒酱之类	食事
巳午刻	纺花或绩麻	衣事
中饭后	做针黹刺绣之类	细工
酉　刻	做男鞋女鞋或缝衣	粗工

在这课程单之后，又附注云："吾家男子于'看读写作'四字缺一不可，妇女于'衣食粗细'四字缺一不可，吾已教训数年，总未做出一定规矩。自后每日立定功课，吾亲自验功，食事则每日验一次，衣事则三日验一次，纺者验线子，绩者验鹅蛋（纺纱积成鹅蛋形也），细工则五日验一次，粗工则每月验一次。每月须做成男鞋一双，女鞋不验。"最后又云："家勤则兴，人勤则健，能勤能俭，永不贫贱。"

照这样看来，他家的男子女子，都没有一时闲空，自然用不着去想法子消遣，自然不会走到骄惰那条路上。我们再转过来想想，一个两江总督的家庭，其勤俭乃至于如此，青年处于国难日深、任重道远的今日，宜如何加倍勤劳，加倍节俭，才够得上做一个现代的国民！

第三章 曾国藩之进用

　　曾国藩以汉人资格，立于多疑多忌的满洲朝廷，其危险之象，正如波涛汹涌的海洋上面，漂荡着一只小帆船，时时有颠覆的可能，然而他居然未颠覆，平安地达到他的目的地，而成清室中兴惟一的人物，不能不佩服他的驾驶方法了。

　　当咸丰二年以前，国藩在京十几年，虽然也做了些杂职，什么翰林院庶吉士、翰林院侍讲学士、文渊阁直阁校理，乃至礼部右侍郎、兵部左侍郎，都是进士之后例有的职务。痛快点说，这些职务，都不过是替皇家当差罢了。咸丰二年，国藩母亲死了，由京请假回里治丧，在家不多时，而太平军起，国藩奉清廷命，帮同办理家乡团练，起初不过是搜查土匪，保卫地方，自己也决未想到由这个出发点，而建立那么大的功业。

　　自嘉庆以来，各省时有变乱，官兵的靠不住既如第一章所云，各省为了自卫起见，都纷纷训练乡勇。像道光时平定川陕教党，就全是乡勇之功。太平军起，湖南首当其冲，湘乡有几位贫苦的书生罗泽南等，在家乡办团练，还有些成绩。到咸丰二年，太平军势渐盛了。清廷值鸦片之役战败之余，要调兵吧，是没有靠得住的兵；要遣将吧，看看满洲一般亲贵，又没有一个可当大任，不得已才命国藩就近办团练。国藩本是书生，没有学过军事，又在母丧之中，所以对政府的命令，就推辞了。当时国藩的朋友郭嵩焘和国藩说："你平常不是有澄清天下的志愿吗？现在有这大好时机，你不乘时而出，拘守古礼，有什么益处？况且戴孝从军，也是古人常有的事，你何必固执呢？"其弟国荃亦很劝他，他于是决意出任团练的事。

罗泽南他们起先所办的团练，虽然也有些成绩，但是究竟缺乏训练。当时土寇蜂起，兵勇俱不能抵抗（当时官兵称兵，乡团称勇）。自从国藩出来，首主严明，而以岳武穆"不爱钱，不怕死"二语自励，凡士卒不遵守营规的，一律军法从事。自他任事一百天之中，竟杀了二百多人，一时大为惊惧，都觉得国藩太厉害了，甚至送他一个绰号叫作"曾剃头"——就是说他好杀人的意思；但是国藩毫无顾忌地向前干去，湘团遂成为劲旅。这一点精神和这一点成绩，乃为戡平大乱的根柢。

国藩治兵的主张，惟在诚朴二字。他是要将之以忠义之气，辅之以训练之勤，相激相劘，而后言战。故其所练水陆各军，必择官绅中忠诚有肝胆者以为之将。就是募选兵勇，亦是如此。他说："为兵勇者，以年少强有力朴实具农民之气者为上，油头滑面有市井及衙门气者，概不收用。"他自己又真能不爱钱不怕死，总算是坦然大公，足以挽回当时腐败懒惰的陋习，事体应该可以

顺利进行了；而事实上乃大大的不然。自从湘军成立之后，一般
无知无识的满洲将吏及绿营诸人，初则多方藐视，后来见湘军打
起仗来，却确实有些厉害，于是又由藐视而变为嫉妒，湘军初起
于长沙，故长沙官兵，尤为嫉视；兵士则对湘勇私斗，军官则处
处掣肘，不肯听国藩之命，似乎与国藩取不合作主义，大家抱着
手，要在旁边来看这位迂夫子带兵的笑话。当时有一位满洲人塔
齐布，不过做一个小小的都司（清时四品武官职位甚卑），曾帮
同国藩治军，而一般满洲人，还要骂他谄媚。有一次塔齐布所教
练的辰州乡勇，与永顺官兵私斗；永顺兵乃列队以讨辰州乡勇。
国藩感觉长此互相水火，不但事功无成，并且要失去朝廷的威
信。于是写封信给湖南提督（当时全省最高武官），提督把这些
乱兵，一个个捆起来送给国藩，任他处治。国藩还没有处治，而
永顺营兵已大队来把国藩住处包围起来，不由分说地冲进来杀伤
国藩的兵士，国藩自己也几乎受伤。全省文武长官，没有办法，
国藩部下主张把这件事报告朝廷。国藩说："大乱未平，何忍私
闹意见，我们避之好了。"乃即日移驻衡州。

　　这是在下面的一般满洲武将和腐败官兵，嫉妒湘军，破坏不
遗余力的一例。照此一类的事，在当时真是多极了。看国藩给王
鑫的书，就愤恨地说道：

　　　　近世之兵，屡怯极矣，而偏善妒功忌能，懦于御
　　贼，而勇于扰民，仁心以媚杀己之贼，而狠心以仇胜己

之兵勇。其仇勇也，更甚于仇兵。近者兵丁杀害壮勇之

案，层见叠出。且无论其公相仇杀，即各勇与贼战殷殷

之际，而各兵不一相救，此区区之勇，欲求其成功，其

可得耶？

当时兵士是如此妒功忌能、助敌造乱，就可知国藩处境之

难了。

不但如此，朝廷里面还有一部分汉人也在那里嫉妒国藩，时

时在咸丰面前说国藩的坏话呢！其中以祁寯藻、翁心存两大学

士，与国藩龃龉得最厉害。祁寯藻是山西寿阳人，嘉庆十九年进

士；翁心存是江苏常熟人，道光二年进士；国藩为道光十八年进

士，比之于他们两位，自然是后辈了。而祁寯藻在当时，尤自负

老成硕望，三代元勋，故对此新进少年，居然建立大功，心中

不免难过；所以在咸丰面前倾轧国藩，亦无所不用其极。尝谓：

"国藩以匹夫居乡里，一呼而从者万余人，恐非国家之福。"这

句话真是动听极了。换句话说就是国藩这样下去，说不定会造反

呢。然而咸丰表面上却始终不听他这句话，对国藩任用亦始终不

衰。我以为此中有两层原因：（一）太平军势力已弥漫全国，而满

族中又无一人可用，故不得不信任国藩。（二）文庆、肃顺二人，

在咸丰左右，亦有很大影响。文庆为满洲大学士，在内阁，尝密

请破除满汉界限，不拘用人资格。他说："欲办天下大事，必须

重用汉人，彼皆来自田间，知民间疾苦，熟察情伪，岂若吾辈未

出国门一步，懵然于大计者乎？"肃顺亦满洲人，在当时骄恣暴戾，人皆切齿骂之；但是他对汉人倒十分信仰，凡他贪赃受贿，都是对满人为然，至于汉人，虽一丝一粟，他都不敢要。他常同人说："满族中无一人可用，国家遇有大疑难事，非倚重汉人不可。"他与文庆在咸丰左右，常称赞曾国藩之识量、胡林翼之才略。当时曾国藩、胡林翼之握兵柄，多半是肃顺的力量。因此虽有祁寯藻、翁心存等倾陷，而咸丰之意，不为之动。

但是咸丰之意，能丝毫不为动吗？这又未必然了。我们看国藩用兵七八年，时时受人牵制，处处不能指挥裕如，就是因为他没有确实的名义，事权不专的缘故。他虽然转战于两湖、江、皖数省之地，用的都只是兵部侍郎的名义，与地方大吏，显然有主客之分；所以地方军队，他不能直接指挥，地方军队反敢以主制客，与他为难。清廷既希望他负平乱大任，为什么不给他一个事权专一的名义呢？我以为一方面清廷自以为江苏有江南大营、江北大营数十万众在满人手里，未必专靠国藩戡平大乱；另一方面或者祁寯藻那句话，也未尝不有些效力。他们心里想，不要真弄到"非国家之福"的地步，就悔之无及了。因此国藩虽然每次打了胜仗，清廷总是拿"调度有方，交部从优议叙"几句空话来安慰他，从未敢以实权相予。后来江北大营、江南大营都被太平军平灭了，两江总督何桂清遁走，江苏巡抚徐有壬、浙江巡抚罗遵殿都死于难。清廷真正毫无倚仗，眼见东南大局，土崩瓦解了，这才于咸丰十年六月，诏授曾国藩为两江总督，并命为钦

差大臣，督办江南军务，从此事权归一。国藩乃保荐左宗棠专任
浙事，李鸿章专任苏事，曾国荃围攻安庆，而胡林翼抚湖北，沈
葆桢抚江西，晏端书谋饷粤东；皆联络一气，呼应灵敏，三年之
内，大难乃平。就可知从前疑忌国藩，正不知耽误了多少事机，
牺牲了多少生命！

　　然而清廷对国藩，始终总有些放心不下，在他功成之后，论
功行赏的时候，格外表现得明白。当咸丰临死，曾告诉诸臣，将
来谁能克复金陵，当封以王爵。湘军既克复金陵，而朝廷则以国
藩非满人，封王为旧制所无，因封为一等侯爵。其实汉人封王，
何尝为旧制所无？吴三桂、尚可喜、耿精忠，不都是封王的吗？
大概此时清廷心里感觉汉人究竟非我族类，其心必异，不要再弄
出吴三桂的那一辙，到此时就真无办法了。再想想祁寯藻的两句
话，倒真是老成持重呢！故终不敢践咸丰之言，即始终对国藩未
免于疑忌。犹幸国藩谦恭谨慎，毫不矜伐，朝廷每次封赏，必再
四推辞，不克，然后乃受；因此才得善始善终。国藩平时每喜以
"花未全开月未圆"的气象勉励家中子弟，我以为这一句就是他
处世哲学；他所以能功成名就，不现一点痕迹，全得力于这个处
世哲学。我所谓不能不佩服他的驾驭方法，亦正是指此。

第四章　平定太平天国

在鸦片战争之后，中国有一次极大的内乱，全国人民几乎无不受其蹂躏，清廷亦几乎被其推倒，这便是老年人所说的"长毛造反"。

"长毛"就是当时的革命党，他们反对清朝那种宰制汉人的剃发制度，所以把头发全蓄起来，世俗就给他们起个绰号叫作"长毛"，里面的主要领袖，要算洪秀全与杨秀清，故史书上称为"洪杨之役"。太平天国是他们所用的国号。

洪杨之役，起于民国前六十二年（清道光三十年），止于民国前四十八年（清同治三年），前后凡十五年，蔓延至十六省，历清廷道光、咸丰、同治三朝，此时清廷军政的腐败、武事的废弛、人民的穷困，已略述于第一章。一般满洲大吏，犹日以贪赃枉法、妒贤害能为事，一旦洪杨事起，内外大吏，类皆昏聩糊涂，莫知所措；若非后来曾国藩率领一班书生，崛起田间，运其知人善任之明，坚其百折不回之志，不畏毁誉，不避艰难，苦心孤诣来埋头苦干，则清廷统制权，亡之久矣。

先是两广一带，连年荒旱，官吏更残酷搜刮，粉饰太平，人民水深火热，无以为生，而苛捐杂税，犹不稍宽假。是时秘密党社，已遍布全国，皆以"灭清复明"相号召，于是广西一带人民，纷纷打着"官逼民反"的旗子，相聚为盗，到处杀人劫财，无恶不作。广西巡抚郑祖琛，老朽昏庸，因循畏事，惟恐被朝廷知道他所管治的地方出了乱事，他要受处分；故虽盗匪四起，犹竭力隐瞒，不使朝廷知道，而自己又没有维持消弭的能力；良民迫于自卫，乃创立团练，而秘密社会之党员，复乘机混入，往往操纵团丁，造成革命势力，洪秀全等乃利用此时机，竖起革命的旗帜。

洪秀全是广东花县人，幼年家境穷苦，天质聪慧；及长，信基督教，创上帝会，谓"耶稣为天兄，而洪秀全为上帝之次子，奉天父天兄之命，统治人类，除去恶魔，洗涤恶罪拯救世人"。其最先入上帝会者，为秀全同乡冯云山。云山亦读书怀大志，遂与秀全相结。后来上帝会声势渐渐浩大，乃起兵于广西桂平之金田村，其地在大藤峡，居万山之中，盘薄六百里，地称天险。冯云山、杨秀清、萧朝贵、韦昌辉、石达开、秦日昌等佐之，收罗各会党亡命，与各处匪盗。一时恶少年闻风响应，秀全等更以宗教迷信之力，团结愚众，谓战死则登仙界。一般愚民以为进攻则可以奸淫掳掠，战死则可以早登仙界，故皆轻死相从。秀全等既据有天然险要，又假迷信之力，统率一般悍不畏死之愚众，是以所向皆克，官军竟无从抵御。是时广西提督向荣，副都统乌兰泰，二人常闹意见，对太平军，则互相观望，乃给太平军以从容布置的机会。

太平军虽占有上述这种种便利，亦未能完全收集两广匪盗，成一严密组织；遂于咸丰二年二月，率其老弱不满万人，由广西入湖南以求向外发展。是时湖南官兵久疲，又值湘水正涨之时，太平军顺湘水而长驱直上，江忠源、罗泽南、王鑫等以地方团练，在长沙与太平军相持，向荣亦自桂林追至，大战三月，长沙未破，太平军乃夜造浮桥，渡湘而西，破益阳，渡洞庭，大破岳州，尽得岳州城内旧藏军械，又夺民船五千艘，顺流而下，遂陷汉阳。汉阳在当时为数省通衢，百货山积，太平军焚掠五昼夜，又陷武昌。此时太平军已有众五十万，船逾万只，尽载其金银米粮军械布帛贵重之物，蔽江而东，官兵望风而逃遁，太平军直陷九江、安庆、芜湖、太平，而定都于南京。

太平军自道光三十年起兵，至是（咸丰三年）不上三年，竟能出广西，走湖南，破湖北，历江西、安徽而入江苏，横行数千里，如入无人之境，其于攻下之诸城，除收掠财货兵器，招纳会匪无赖而外，未尝分兵固守，完全是流寇的性质。定都南京之后，乃为北伐之计。一路由镇江陷扬州，出皖北，经临淮、凤阳，而入河南，攻山西以袭京师。一路则沿江而上，经安徽之太平、芜湖、安庆，攻江西以争长江上游。又一路则东下规划苏常，以取东南财富。

是时清朝主力军队，则有钦差大臣琦善所统直隶、河南、陕西、黑龙江马步各兵，由河南驰抵扬州，号为江北大营。向荣由广西追太平军至江宁，屯孝陵卫，号江南大营。声势颇为壮盛。然而战斗力则异常薄弱，终不足以抵抗太平军之势；其为太平军之劲敌，而太平军终为平灭者，则曾国藩所领导的湘军之力。湘军是曾国藩由郭松焘等所练乡团扩充成功的，内中领导人才，全是书生，士兵则全是农夫。书生故无官场习气，农夫故无营混子的习气。湘军所以能平大难，全得力于此；湘军灵魂之寄托，亦全在于此。

曾国藩起初本是以乡人资格，站在保卫乡土的立场上，为家乡努力。清廷眼见太平军所过之地，莫不风卷残云，而长沙一处，独安然无恙，始命曾国藩以在籍侍郎资格，募为官勇，出境剿敌。国藩乃扩充乡勇而为湘军，令罗泽南、王鑫、塔齐布，及其弟国葆等分将之。翌年（咸丰三年），又用江忠源、郭嵩焘等所建水攻之策，购造兵船。编成水师，以杨岳斌、彭玉麟等分统之。自是湘军水陆师皆完备，遂为太平军之劲敌。

虽然，自今日观之，曾国藩以汉人资格，去助清廷为虐，以歼杀太平军，似乎是太缺乏革命性了；其实曾氏与太平军之不相容，却另有见地。在他讨太平军檄文中有一段，谓：

> 自唐虞三代以来，历世圣人扶持名教，敦叙人伦，
> 君臣、父子、上下、尊卑，秩然如冠履之不可倒置。粤
> 匪窃外夷之绪，崇天主之教，自其伪君伪相，下逮兵卒

贱役，皆以兄弟称之，谓惟天可称父，此外凡民之父，皆兄弟也；凡民之母，皆姊妹也。农不能自耕以纳赋，谓田皆天主之田也。商不能自贾以取息，谓货皆天主之货也。士不能诵孔子之经，而别有所谓耶稣之说，《新约》之书。举中国数千年礼义人伦、诗书典则，一旦扫地荡尽。此岂独我大清之变，乃开辟以来，名教之奇变，我孔子、孟子之所痛哭于九泉。凡读书识字者，又焉能袖手坐观，不思一为之所也？

这是曾氏与太平军根本抵触的所在，简直可以说是一种宗教战争。所以他始终不懈，为的就是要保持名教，恐怕中国数千年礼义人伦、诗书典则，一旦扫地荡尽，这是曾氏的心迹。是故湘军初起之时，只在保卫乡土，后来便在保持名教。

太平军自定都南京之后，便渐渐腐化起来，诸王争权夺利，互相杀戮，虽云三路进兵，但是组织不严密，呼应不灵活，北路军乃渐为清军所败，主将都被擒而死。东路军占有今之沪宁、沪杭两路之地。西路军则与湘军为正面冲突，精锐之师，亦多集中于西路。咸丰三年，先攻安徽桐城，破集贤关，再陷安庆，攻九江、湖口，进围南昌，又快要到湖南境地了。是时正值曾国藩整饬乡团，奉命出境剿敌，乃派郭嵩焘、罗泽南等，率湘军会同江忠源攻太平军，南昌之围始解。然太平军此时军势最盛，乃由南昌折回，沿长江而上，黄州、武汉等处，望风瓦解，国藩自率水陆师由长沙北进应援，大败于靖港，又败于湖口，国藩愤欲自杀；名将塔齐布、罗泽南皆先后阵亡。后来曾国华又被陈玉成大败于庐州三河，曾国华及诸弁员死者六千人，湘军精锐，歼灭殆尽，而江南大营、江北大营，又为太平军所平。清廷这才着了慌，诏授曾国藩为两江总督，是时安庆以下还在太平军手里，国藩乃带着军队驻安徽南部之祁门。太平军分三路围攻祁门，有人劝国藩退兵，国藩悬剑帐外说："去此一步无死所。"坚守数十日，左宗棠击退太平军于乐平，乃通赣皖运输之道，而曾国荃亦大破陈玉成于安庆，于是重整师旅为收复金陵之计。

同治三年六月，曾国荃破金陵，戮洪秀全尸，太平将士三千余人皆战死，军民十余万人争蹈河死，尸堆积如桥，城郭宫室连烧三日不绝。是时李鸿章先后复常州、苏州、江阴、吴江、昆山、太仓等地，左宗棠收复浙江。洪杨之役，至是始告结束。

第五章 曾国藩的政术

　　清季政治的腐败，已在第一章中述其梗概；因为政治的腐败，故激成民变。用武力把乱事平定了，假如没有良好的政治，以继其后，终不足以服人心而平乱源。曾国藩平定太平天国的时候，就是武力、政治双方并用。武力以除暴，政治以安良；故当乱事还未平定，他便很注意于澄清政治。盖政治果清明了，其效力且在武力之上；惟是要想做到一个理想的政治，必有理想的人才。而在当时政治腐败之余，大乱方定之日，必得真心为民的循吏人才，当然尤不可多见，而欲扫除一世的贪污，不更难若登天吗？在这种情况之下，他的政术，似乎是分三个部分去进行。整饬吏治是中心，作育人才是方法，变易风俗是最后的目标。兹分项述之：

一　整饬吏治

　　曾氏整饬吏治的纲领，劝诫州县的四条是：

　　治署内以端本，明刑罚以清讼，重农事以厚生，崇俭朴以养廉。

劝诫委员的四条是：

　　习勤劳以尽职，崇俭约以养廉，勤学问以广才，戒傲惰以正俗。

　　每条下面均有浅显明白警醒动人的说明，印成小册，分散各州县官，与各委员。自今日观之，也算是当时一种新生活运动；不过他是完全责成地方长官，叫他们要以身作则，处处给百姓做个模范。他在"戒傲惰以正俗"那一条下面，有这几句："傲惰之所起者微，而积久遂成风俗。一人自是，将举国予圣自雄矣；一人晏起，将举国俾昼作夜矣。今与诸君约：多做实事，少说大话，有劳不避，有功不矜，人人如此存心，则勋业自此出，风俗自此正，人才亦自此盛矣。"

　　地方长官果能以身作则，多做实事，少说大话，人民自然可以相习成风，社会自可安定。原来中国人民，最富可塑性，遇到良好的领袖，他们就可以变成良好的国民；遇不到良好的领袖，使他们颠沛流离，他们也会铤而走险，供少数人做牺牲品。曾氏以州县官为整饬吏治的最小单位，确是千古不可变易的准则。

　　这是他手定的整饬规模，但是如何能使州县官遵从实行呢？

所以须要他那严明的察吏方法。他说："莅事之始，其察之也不嫌过多，其发之也不宜过骤，务求平心静气，考校精详，视委员之尤不职者，撤参一二员，将司役之尤无良者，痛惩一二辈。袁简齐云：'多其察，少其发。'仆更加一语云'酷其罚。'三者并至，自然人知儆惧，可望振兴。"这几句话，可算他整饬吏治的一个手段。他所谓酷其罚，有一段故事，很可以做个证据。他部下有一位副将李金旸，年未三十，勇悍绝伦，尝战败，陷贼中，继而逃归；李部下营长某，控告李通贼，二人同解至曾处。曾力辨李冤，谓营官告诬统领上司，判即正法。是日李来谒曾，盛称中堂明见万里，感激至于泣下。忽而曾又传令说："李金旸虽非通贼，既打败战，亦有应得之罪。"即派亲兵绑去处斩，闻者无不骇愕。手段之辣，至于如此，真可谓酷其罚了。

最奇怪的就是，他手段虽然如此严酷，但是凡在他部下的，莫不死心塌地地感念他不止。受他提拔的人，固然是感念他，就是受他参劾的人，也感念无已。李元度曾两次被国藩参劾，因此一生不得志，但是国藩殁后，元度的挽诗云：

记入元戎幕，吴西又皖东。追随忧患日，生死笑谈中。末路时多故，前期我负公。雷霆与雨露，一例是春风。

此可想象曾氏对僚属的魔力了。他怎样会有这种魔力呢？我以为是得力于他那种作育人才的精神。

二 作育人才

曾氏生平最大长处，在知人善任，因为知人善任，故能收罗各方面的人才，以成其不世功业。他面前的人才，有两方面的来路：一是就现有人才中，破除资格，破除成例，予以不次的拔擢。一是由他自己训练出来人才，然后予以相当的职分，责以相当的功绩，又时时予以奖励劝诫。是以各项人才，都乐为之用。当江忠源未显达时，到京城去拜见国藩，临去，国藩曰："此人必立名天下，然当以节烈称。"胡林翼以臬司统兵隶曾国藩部下，曾奏称其才胜己十倍。二人皆不次擢用。后来经营军事，皆赖其助。他如杨岳斌、塔齐布、鲍超是自营伍中提拔出来的，罗泽南、李续宾、王鑫、彭玉麟是自书生中提拔出来的，均以至诚相与，使各尽其所长。最后派刘松山一军入关，拔之列将之中，谓可独当一面，卒能扬威秦陇，功勋卓著。又如李鸿章、左宗棠、郭嵩焘、李元度、李鹤章、刘长佑等，都曾经过他的奖拔裁成，这都是我所谓就现有人才之中，提拔出来的一路。其次就是由他自己训练出来的，大抵由勉强磨炼而成，他自己生平才学，全得力于勉强磨炼，故其取人，凡于兵事、饷事、吏事、文事，有一技之长的，无不备加奖励，量才录用，将吏来谒，无不立时接见，殷勤训诲，或遇难办之事，无不予以帮助，有师长教导之风，有父兄期望之意，此可见其怜惜人才，与练训人才的至意了。

他所希望的吏治人才，是要武能戡暴，文能安良，而又公正廉明，勤俭朴实。他所训练的人才，都是按着这个目标去做。原来"廉明"二字，本是做好官的秘诀，而亦是立身为人之本。要做到廉明，便须勤俭，凡他告诫属员的书札批牍，总是拿"廉明"二字相勉励。他说："勤能生明，俭能养廉。"这是他理想的吏治人才。这种理想的人才，当然不容易有现成的，他也决不愿意从原有官吏中提取，为其已有官场习气，一时总不易洗刷干净。他要从一般寒士、书生训练成功的循吏，无论做至何等大官，始终不失寒士、书生的本色，而又服膺勤俭廉明之义的，然后才能负起整顿地方的重任。

他生平处事接物，最服膺一个"诚"字，教人的方法，取人的标准，都不出一个"诚"字。这一个"诚"字，就是曾氏能服众的根本学问，他所以能收罗各项人才，靠的是此术，所以能澄清当时政治，而成一新兴局面，也无非是靠的此术。

三　变易风俗

风俗与政治，有互为因果的关系。因为政治腐败，故风俗日益浇漓；风俗浇漓，自然亦不容易产生出良好的政治。但是当风俗十分浇漓，不易产生良好政治的时候，必须贤明政府努力倡导良好政治，然后可以移风易俗。是以风俗与政治表面上虽然是有连环性，而曾氏则重在上位者的倡导。他尝说："风俗之正否，丝毫皆推本于一己之身与心，一举一动，一语一默，人皆化之，以成风气，故为人上者，专重修身，以下之效之者速且广也。"故政治而不能改变浇风，就见得这政治力量，还未能及于民众，这政治也就未能达到良好的境地。再进一步说就是，政治还未能得到适当的人才。所以他是以作育人才为澄清政治的方法，而以变易风俗为政治的最后目标。

在他澄清政治的方法之中，还有一个根本方法，就是劝学。劝学的方向有二：一是劝官吏学，一是劝地方人士学。官吏时时有一副学习的态度，自然虚心求治，不至贪赃枉法；地方人士都能潜心向学，则地方正气日长，邪曲小人，无从立足，乡里间自然不会发生乱事。推而言之，一国之中，苟其上上下下，都能有虚心学习的态度，则不但可以变易风俗，使风俗敦厚，且可淬励人才，使人才辈出。他说："风俗之美恶，主持在县官，转移则在士绅。欲厚风俗，不得不培养人才。"他在直隶做总督时，曾立三科以求贤士：凡孝友为宗族所信，睦姻为亲党所信者，是为有德之科。凡出力以担当难事，出财以襄成善举者，是为有才之科。凡工于文字诗赋，长于经解策论者，是为有学之科。他立了这三科标准，便令各州县依照标准探访保举，一县之中，多者五六人，少者一二人，其全无所举，及举而不实的，都要受记过的处分。他说："每州每县皆有数人为大吏所知，则正气可以渐伸，奸宄因而敛迹。端本善俗，尤在于此。"

他如此做法，其结果虽然未能如他理想所期，但是大难方平之后，使地方恢复原状，人民安居乐业，以及同治年间政治上一点新机，却未尝不是他这政术的反映。

第六章　新政的成绩

　　内乱平定了，地方秩序渐渐恢复原状了，曾国藩的意思就想替中国做些革命事业。原来中国自鸦片战争之后，接着又是英法联军入京，彼时凡与外人接触，没有一次不是大吃其亏。国中贤士，已很有些觉悟，知道中国确有不如人的地方。曾国藩在江西时，已感觉外人的轮船枪炮的厉害，他自己的军营中运送军火，就常用小轮拖送。后来李鸿章利用西人洋枪队常胜军，以平定太平天国，就更觉西人的坚甲利兵轮船机器为其富强之源，颇有起而仿效的心愿。故曾氏当云："欲求自强之道，终以修政事、求贤才为急务，以学做炸炮、学造轮舟为下工夫。但使彼之所长，我皆有之，顺则报德有其具，逆则报怨亦有具。"是时与外人交涉日益频繁，政府迫于环境，乃于民国前四十九年（一八六一年，咸丰十一年）创立总理各国事务衙门，专办洋务——后演进为今日之外交部。自是之后，"洋务"二字，遂为识时之士的时髦名词。

　　然而同时又有一个矛盾现象，就是一面高唱洋务，一面又拒绝洋务。这拒绝洋务的分子，自然一般满洲大吏为先锋队。当时所谓先觉之士，在朝则有恭亲王奕䜣，在外则有曾国藩、李鸿章、左宗棠等，而曾、李等所倡行新政，尤多得力于恭亲王之赞助，然自今日观之，彼时所谓先觉之士，似亦未免有此矛盾现象，是以所倡办者，犹甚幼稚，而未能彻底。这矛盾现象的来源，是由于数千年来惟我独尊的传统积习。盖自古以来，中国四境的国家，其文化国力，皆远不如我，数千年来，类皆服属于我，朝贡于我，无形中遂养成了妄自尊大的国民性，邻国均为戎狄蛮夷，今一旦要去仿效夷人，崇拜夷人，当然要发生许多不平的心理。由这不平的心理，遂生出两种结果：一是虚骄，一是怠惰。一面感觉中国确有革新的需要，一面心目中又牢固着这种虚骄怠惰的气焰，中国遂永久在十字街头过生活，虽至今日，好像还在那里彷徨着。

然而我们退一步想，以彼时彼地的眼光衡量他们，则曾、李等所倡的洋务，虽然很肤浅幼稚，毕竟要算识时之士。他们把自己不如人而应仿效人的地方，竭忠尽智一点一滴地去干，尽管大家讥笑反对，他们仍是埋头去干。咸丰四年，曾国藩便设炮局，仿制西洋水雷，虽然没有什么效果，却见得他当时的意志。到了同治初年，他便派容闳到美国去买机器；同治四年，乃创立江南制造局于上海，制造枪炮及轮船。李鸿章亦于是年请在广东等处海口设局，雇用西洋工匠，制造船炮。次年左宗棠又筹设马尾船政局于福建。

　　此时他们虽然略知外情，认识洋人的船坚炮利，而极力从事模仿，但中外国情，既因语言文字之隔阂，而莫由通晓；而官员绅士之中，又绝少通习外国语言文字之人；外国公使领事，均有译员，而中国惟有通事传语。其时之通事，类如今日之西崽，仅能通习洋语；纵有略识洋字者，亦不过货名价目，与浅俗之文，谈不到吸收他们的学术思想。因是政府于同治元年，创设同文馆于北京，专以学习各国语言文字为务。先从八旗中挑选年在十五岁左右之学生十名，教以汉文英语。次年又添设俄文法文二馆，每馆学生十名。是时李鸿章请于上海创设外国语言文字学馆，清廷许之。广州亦设学馆，学生毕业，则送往北京同文馆肄业。清廷又以左宗棠之建议，将同文馆添设一馆，考收满汉举人等，学习天文算学，为制造机器轮船之本，凡年在三十以内之翰林院庶吉士、编修、检讨，及五品以下由进士出身之京内外各官，均得应考入馆，发给原薪。其时大学士倭仁等极力反对。倭仁奏称"立国之道，尚礼义不尚权谋；根本之图，在人心不在技艺。今求一艺之末，而又奉夷人为师，无论夷人诡谲未必传其精巧，即使教者诚教，所成就者不过术数之士，古今来未闻有恃术数而能起衰振弱者也。"后来清廷因旱求言，有杨廷熙者，奏请撤销同文馆，以塞天变。沈葆桢在福建办船厂，轮船已成三号，而内阁学士宋晋以制造靡费太重，奏请停止制造，裁撤船厂。幸李鸿章、左宗棠、沈葆桢极力主张，始得继续，此可见当时顽固守旧分子，反对新政之剧烈，与新政进展之困难了。

民国前四十四年（一八六七年，同治八年），曾国藩容纳容闳的意见，于江南制造局附设机器学堂，以养成工程人才；马尾船厂，亦开学堂二所，选幼童分习驾驶制造诸艺。其后李鸿章亦于天津创设电报学堂、武备学堂、水师学堂。同治十年，曾国藩又用容闳的计划，奏派幼童出洋，学习军政、船政、制造诸学科，每年选幼童三十名往美国肄业。李鸿章、沈葆桢亦派遣学生到西洋各国学习军事、制造等科。

此时诸贤之所倡导者，多注重在坚甲利兵的一点。于是与坚甲利兵有连带关系者，则为铁路与电线。铁路始于民国前三十六年（一八七五年，光绪元年），英商所建筑上海吴淞间之轻便铁路，次年完工营业，乘客拥挤，而绅士耻之。不久火车压死一人，清廷多方交涉，出款二十八万两购回，是时丁日昌奉命到台湾试办铁路电报，乃将淞沪铁路拆毁，送至台湾，其一部分材料，成为废物，台湾铁路亦未能成。后由刘铭传办理，始告成功。铭传尝请建筑二路：一自清江至北京（后改自浦口至北京），一自汉口至北京。虽李鸿章极力赞助，亦以官绅反对而未实行。至民国前二十九年（一八八一年，光绪七年），李氏为开平煤矿便利运输之计，筑成唐山至胥各庄铁路二十里，是为中国自筑铁路之始。

中国之有电报，盖始于民国前四十一年（一八七〇年，同治九年），丹麦商人所组织之大北公司，铺设海线，自香港至上海，言明不得于岸上设线。及吴淞铁路筑成，铁路公司于路旁设线，直达上海，后来铁路收回，与公司交涉，令将路旁电线拆去，公司迁延不肯，乃由中国收回。民国前三十一年（一八七九年，光绪五年），自大沽口至天津，架设电线，是为中国自办电报之始。次年，乃创电报学堂，雇用丹麦人教授，自是中国电报事业，乃日益旺盛。

以上所举之新兴事业，为当时最著之数种，此外如海关之改组、煤矿的开采、各种学校的兴办，不一而足。虽当时反对洋务者，上下皆然，而曾、李等苦心孤诣，卒建筑成功近代新事业的基础，可惜后起的人，未能把他们的事业发扬光大，甚至把他们那点基础，还斫丧了许多，而又掉转过来讥笑曾、李等见识短小，真未免太易其言了。

当时所办的洋务，自表面看来，自然大家要归功于李鸿章、左宗棠、刘铭传一辈人，以为曾国藩在当时，已成过去的人才了。不知当时所倡办的新政，许多是国藩亲自倡办的，许多是幕府僚属秉承国藩之志而行的。即如郭嵩焘、薛福成、曾纪泽皆历使各国，为外交上老前辈，但此三人者，都是国藩培植成功的，兹录《庚子西狩丛谈》里的一段故事：

公（李鸿章）又曰：别人都晓得我前半部功名事业，是老师（指曾氏）提挈的，似乎讲到洋务，老师还不如我内行；不知我办一辈子外交，没有闹出乱子，都是老师一言指示之力。从前我老师从北洋调到南洋，我来接替北洋，当然要先去拜谒请教的。老师见面之后，不待开口，就先向我问话道："少荃你现在到了此地，是外交第一冲要关键，我今国势消弱，外人方协以谋我，我小有错误，即贻害大局，你与洋人交涉，打算作何主意呢？"我道："门生只是为此特来请教。"老师道："你既来此，当然必有主意且先说与我听。"我道："门生也没有打算什么主意，我想与洋人交涉，不管什么，我只同他打屁子腔（皖中土语，即油腔滑调之意）。"

老师乃以五指捋须，良久不语，徐启口曰："呵，屁子腔，屁子腔！我不懂得如何打法？你试打与我听听。"

我想不对，老师一定不以为然，急忙改口曰："门生信口胡说错了，还求老师指教。"他又捋须不已，久久始以目视我曰："依我看来，还是用一诚字，诚能动物，我想洋人亦同此情，圣人言忠信可行于蛮貊，这断不会有错的，我现在既没有实在力量，尽如何虚强造作，他已看得明明白白，都是不中用的，不如老老实实，推诚相见，与他平情说理，虽不能占到便宜，也或不至过于吃亏。无论如何，我的信用身份，总是站得住的，脚踏实地，蹉跌亦不至过远，想来比屁子腔总靠得住一点。……"我老师的话实在有理，是颠扑不破的。我心中顿然有了把握，急忙应声曰："是！门生准奉老师训示办理。"后来办理交涉，不论英、俄、德、法，我只捧着这个锦囊，用一个诚字同他相对，果然没有差错，且有很大收效的时候。古人谓一言可以终身奉行，真有此理。

第七章　为学与做事的精种

学问与事功，本不容易兼而有之，曾氏值大乱之时，半世生活在枪声剑影之中，而他的学问事功，双方都能有很大的成绩，不能不令人敬佩他那为学与做事的精神。

这副精神，说起也很简单：就是"诚拙"两个字。"诚"就是有真心实意的做事精神，"拙"就是有硬干的精神，这两个字是自命聪明之士所不肯为的，但是他却事事诚拙，处处诚拙，我们试拿他所做的事，各举数例，即可证明他的诚拙态度了。当他初办团练的时候，大家叫他"曾剃头"，他却毫不顾惜地向前去干。后来守祁门时，悬剑帐前曰："去此一步无死所。"由保定去办天津教案之前，把自己后事都办得妥妥帖帖，预备事若不成，便以身殉。这些事都绝不是自命聪明之士做得到的。他是要以诚拙精神，挽救天下奸伪变诈的恶习，所以"诚拙"二字，简直是他的一种主义，拳拳服膺，而勿失之矣。他说：

君子之道，莫大乎以忠诚为天下倡。世之乱也，上下纵于亡等之欲，奸伪相吞，变诈相角，自图其安而予人以至危，畏事避害，曾不肯捐丝毫之力，以拯天下。得忠诚者起而矫之，克己而爱人，去伪而崇拙，躬履诸艰，而不责人以同患，浩然捐生，如远游之还乡，而无所顾悸。由是众人效其所为，亦皆以苟活为羞，以避事为耻。呜呼！吾乡数君子所以鼓舞群伦，历九州而戡大乱，非拙且诚者之效欤？（见所著《湘乡昭忠祠记》）

因此他做事是诚拙的态度，为学是诚拙的态度，他整个的立身为人，都可以"诚拙"二字概括之，所以诚拙的态度，要算他为学做事精神的总纲。兹再分而述之：

一　为学的精种

曾氏的才质，不能算是顶高，然而他的学问所以能到深造有得的境地，就完全靠的他那副为学的精神——困勉、专一、调和。

他时时感觉自己鲁钝、拘拙，所以他遇事做脚踏实地的工夫，对学问则做困勉工夫。所谓困勉，是因为从前孔子把人类才质分为三等：头等是天生的圣人，叫作"生而知之者"。次等是教育成功的，叫作"学而知之者"。再次等是苦学成功的，叫作"困而知之者"。凡生而知之的人，做起事来，是自然而然地做得很好。学而知之的人，做起事来，便要经过相当思虑，见到确是有利于人群的才去做。困而知之的人，因为才质不如人，所以做起事来，定要经过勉强的工夫，才能成功。孔子又说，这三等人虽然才质各有高下，但是只要努力，最后的成功，还是一样的。曾氏自认是第三等的资质，所以他时时刻刻要做困知勉行的工夫。换句话说，他学问的成就，是完全由苦学得来的。诚然，做学问这件事，是不容丝毫取巧，才有点取巧，便是空虚不着实，这学问便靠不住。故无论才质高下，做学问最好是用笨的工夫，工夫用得愈笨，则得的学问愈着实。现在青年做学问，专欲取巧讨便宜，而不知一种学术，要想有若干成就，都必经过相当的困苦艰难与相当的勉强工夫，才能谈到有所心得。他尝引董生之言曰："强勉学问，则闻见博而知益明；强勉行道，则德日进而大有功。"他又说："余观自古圣贤豪杰，多由强作而臻绝诣。《淮南子》曰：'功可强成，名可强立。'《中庸》曰：'或勉强而行之，及其成功一也。'近世论人者，恒曰某也向之所为不如是，今强作如是，是不可信，阻自新之途，而长偷惰之风，莫大乎此。"这是他在理论上认为无论是做学问、干功名，或者是做圣贤豪杰，都须经过勉强工夫，才能成功。再看他自己做学问的实际情形，几乎无一处不是孜孜矻矻，由困苦中得来。他始初在京城国史馆做协修官时，曾自订课程十二条，凡读书为人之道，尽在其中。后来虽军事吃紧之时，然而他的日常功课，不曾稍懈，他的军政大事，又不假手他人，而每日犹看读写作不辍，就知他无时不在困勉之中了。

其次便是专一的精神。专一就是对一种功课，专心致志去求精。他尝谓："用功譬若掘井，与其多掘井而皆不及泉，何若老守一井，力求及泉，而用之不竭乎？"这就是说天地间学问甚多，与其食多而无所得，倒不如专求一门，还可以得用。他说：

> 求业之精，别无他法，曰专而已矣。谚曰：艺多不养身，谓不专也。吾掘井多而无泉可饮，不专之咎也。

他所谓专的意义有两种：一是专艺，二是专心。专艺就是专求一种学问，在他那时，是或专一经，或专一史，或专攻其他任何一书。他自己读书，是一书不完，不换他书；一句不通，不看下句；今日不通，明日再读；今年不精，明年再读。他定要把一书研究得精通、烂熟，甚至终身以此一书为研究中心，此之谓专艺。专艺之外，更要专心。专心就是拿全副精神专注在一种书上，就是俗语所谓一心无二用。他说："如读《昌黎集》，则目之所见，耳之所闻，无非昌黎。以为天地间除《昌黎集》而外，更无别书也。"这几句话说明专心的意义，是再透彻没有了。现在学校之中，要求专艺，自然是不可能，而事实上曾氏亦决不是叫人专艺便不多看书，他屡屡教人要多看书，谓不多看书则太陋。不过他是不要人泛滥无边地乱翻乱看，无系统，无中心目标；意谓这样看，不过是求个外表，求人知我广博之名而已，终不会有精蕴的心得，终其身亦难有专长。如能每看一书，皆以全副精神贯注到底，日积月累，守之终身，则既精且博，可以受用无穷了。

　　再次便是调和的精神。所谓调和精神，亦可以说他是折衷的精神，亦可以说是兼取众长的精神。前人为学，往往标榜门户，攻击异己，他是最不主张的。他觉得学问本是天下公物，不应该有主观成见参杂其间。他觉得各家学问都必有其长处，若能去短取长，则不但无门户相标的必要，并且有兼取众长的好处。这种精神，在清朝学者中最为难得。自命是汉学家，便攻击宋学家；自命是程朱派，便攻击陆王派。古文家亦有所谓桐城派、阳湖派之别。他是宋学有根基，汉学亦有相当的研究。在宋学之中，他是以程朱为体，而以陆王为用，他觉得学问专主一家，是把自己看小了。他不但对当时学者，是用的这个调和的态度，他对诸子百家，也要做这一炉共冶的工夫。他尝说："以庄子之道自怡，以荀子之道自克，其庶为闻道之君子乎？以禹墨之勤俭，兼老庄之虚静，于修己治人之术，两得之矣。"又说："若游心能如老庄之虚静，治身能如墨翟之勤俭，齐民能如管商之严整，而又持之以不自是之心，伪者裁之，缺者补之，则诸子皆可师不可弃也。"凡此都见得他为学的调和折衷的态度。这种兼取众长、一炉共冶的精神，要算他为学的最大目标，也算是最大成功。

二 做事的精神

曾氏生平的最大成就，自然要推他的事业。他事业之所以成功，则不得不归功他那种做事的精神。那种做事精神，在他的行事上，在他的作品中，随处可以见到，现在把他归纳起来，可分为三项：一是确定规模；二是脚踏实地，不尚浮华；三是宽大与精细。兹依此述之：

他凡办一事，都是先确定一个规模，正如现在各机关里面的规程和细则。凡办事的方针和应取的态度，都具在这个规模之中。有了这个规模，就算有了办事的纲领，不但可以督励他人使努力前进，并且可以督励自己，使勿松懈。当他初办团练的时候，立定宗旨，不要油头滑面、有市井衙门气的人员，专取忠诚有肝胆者为长官，而以年少朴实有农民气者为士卒，自己则以不怕死不爱钱一语为圭臬，这便是他初出山时候的规模。犯了他这个规模，他便不客气地向前硬干，无论怎样诽谤他也是毫不顾忌。因为规模既为一切行事的总方向，假如可以任意地破坏或可以任意地放松，这规模便立不稳，一切事亦无从下手了。所以他把办事的规模，看得很重。尝谓："天下庶事百技，皆先立定规模，后求精熟，即人之所以为圣人，亦系先立规模，后求精熟。"又曰："我辈办事，成效听之于天，毁誉听之于人，惟在己之规模气象，则我有可以自立者。"所谓我有可以自立者，就是自己的规模实在是大公无私，可以为人共亮。我们看他生平的事时候，小至一身一家，大至军事、政事，均先立定一个规模，始终守之，虽经千磨百折，而不改其常度，最后的胜利，总是属他，这是他确定规模的效验。

立定规模之后，还要看是否真能切实做事，才能确定其成绩。常见规章立得异常严密，而做起事来，则又松懈不踏实，这就是因为做事的人，不重在实际，只重在虚文，把外表做得极好看，话说得极好听，这件事情就算办过了。曾氏是朴实谙练，洗净浮华，重实效而不尚虚文。当他初练乡勇的时候，经费十分困难，士卒的衣装，都无从办起。他心里想："练乡勇是要歼除土匪保卫地方的，只要他们知道爱乡里、爱百姓，勇敢善战，便是有其实际了；至于衣服军容，自然在有钱时期，也不少可，然究竟是浮华的虚文，无关于战斗的能力与战斗时的勇怯。"后来湘勇奉命出境剿敌，身上衣服，皆破烂不堪，形同乞丐；一般养尊处优吃粮不打仗的官兵，一见这些乞丐也来打仗，莫不掩口而笑。但是到了打仗的时候，倒个个剽悍善战，奋勇争先。这是曾氏不尚浮华的一个实例。

这一个实例，可以代表他朴质的精神。在他那种人才、经济俱感困穷的时候，这种精神，真是救时的良剂。他时时要希望转移士气，就是要希望转成这种朴质之气。

在他做事精神之中，尤占重要性的，要算他那宽大与精密的气象。原来宽大与精密，本是一体两面，必须合而为一，才没有流弊。不然的话，度量是宽大了，而临事不精密，其流弊则至于松懈；若处处表现着精密的样子，而没有宽大的器量，其流弊则至于繁琐而不能容物。他能参合并用，故能一无流弊，而收得人之效。

一面看去，曾氏做事实在是很苛刻，但须认清一个界限，就是他的苛刻，全是对事，不是对人。对事是苛刻，对人是宽大。并且所谓对事，也不仅是对他人之事，凡他自待，无一处不是十分严厉，对属员则又提携培植，无所不用其极，纵遇他人掣肘，他惟责备自己，而不怨恨他人，这是他的宽大。

所谓"精细"，就是他办事方法的精密。他说：

治事之法，以身到、心到、眼到、手到、口到为主。身到者，如作吏则亲验命盗案，亲查乡里；治军则亲巡营垒，亲冒矢石是也。心到者，凡事苦心剖析，大条理、小条理，始条理、终条理，先要掰得开，后要括得拢是也。眼到者，着意看人，认真看公牍是也。手到者，于人之长短，事之关键，随笔写记，以备遗忘是也。口到者，于使人之事，警众之辞，既有公文，又不惮再三苦口叮咛是也。

这是他做事的一套法宝，对己对人，都是一样。自今日言之，就是他做事精神，完全是合乎科学方法。在他所谓五到之中，别的且不去说，所谓"心到"，就是说凡办一事，起初不妨分析得很细，愈是头绪纷繁的事，愈是要分析得精细清楚；但是各项头绪的最后结果，还要殊途同归，不相冲突。不然便是繁琐不得大体，事体愈办愈糟了。他所谓"先要擘得开，后要括得拢"，便是先分析，而后综合，正是科学方法的重要条件。其他所谓"身到、眼到、手到、口到"，都见得他凡事考核精密，一丝不肯放松，有如此精细的精神，又有如彼宽大的器量，此各项人才，所以乐为之用也。

以上所述为学与做事，在他活动的本身上，原是分不开的。且如他说：

> 若读书不能体贴到身上去，谓书中之义，与我身了不相涉，则读书何用，虽使能文能诗，博雅自诩，亦只算得识字之牧猪奴耳，岂得谓之明理有用之人乎？

这是见得他为学的时候，都一一体贴到身心上去。他的意思，为学不能有用，只能算是识字的牧猪奴，而当他做事的时候，则又时时思念到书中的意义，在他日记中，曾说道：

> 古人办事掣肘之处，拂逆之端，世世有之，人人不免，恶其拂逆而必欲顺从，设法以诛锄异己者，权臣之行径也；听其拂逆，而动心忍性，委曲求全，且以无敌

国外患而亡为虑者，圣贤之用心也。吾正可借其拂逆，
以磨砺我之德性，其庶几乎？

这是见得他借做事以磨炼自己的学问。

原来学问一个名词，有动与静的两面：静的方面，就是常
人所认为的读书为学；动的方面，就是要在自己所做的事上磨炼
自己的经验才能，其结果便是学问——活的学问。做官就在官上
求学问，做农就在农事上求学问，一切的事，都有其所以然的道
理；这种道理，书本上是不一定可以供给我们的，必待自己亲身
到事上去磨炼，才能得到这种活的学问。等到这种活的学问得到
了之后，则又处处与书中之义相合。仅求静的学问，而不在事上
磨炼，以求其经验才能，其结果乃变成书呆子。只知做事而不留
心于学习，其结果或者会变成老奸巨猾不学无术。二者缺一，都
不配称为学问。曾氏生平，是处处拿静的涵养，去培植动的事
业；同时又处处拿动的事业，去磨炼他的德性。质而言之，在他
活动中，本不能分出何时何处是为学，何时何处是做事。本章所
述，一方是为叙述的便利，一方也不免有割裂之痕，读者心知其
意可也。

第八章　结　论

　　曾氏的事业学术，既叙述于以上各章，兹更取其行谊，尤足为吾人效法者，摘取四端，作为本书结论。

　　第一就是"诚"字。在上面曾经提过，曾氏生平最服膺的就是一个"诚"字。他自己立身为人的根基在此，进退人才的标准也在此。"诚"字浅言之，就是老老实实的，不欺人，亦不自欺；但是做到极境，就是圣人，也不能出其范围。这个字的含义，不仅是把自己做到不欺的地位，就算完了，还要把天下之人，都化导到"诚"的地位，才算是成功。所以"诚"字的范围极大，而做起来则须从不欺下手。不欺有两方面：一是不欺人，二是不自欺。不欺人很难，而不自欺尤难。曾氏生平无一欺饰语，待人接物，皆一本至诚，而尤能不自欺。譬如他自知鲁拙，于是就孜孜矻矻，做困勉的工夫与踏实的工夫，有此一念，不敢自欺，后来学术事业的成就，遂皆得力于此。假如已经是鲁拙了，还要自以为是聪明，凡事想取巧讨便宜，这便是自欺，并且是一事无成。他能自知鲁拙，而随时随地做鲁拙工夫，这便是胜过常人的地方。常人总是自居聪明，而羞为鲁拙，明明是鲁钝了，还要自命是聪明。其实曾国藩亦何尝比我们还鲁钝些？他也不过是安于鲁钝之名，以行其困勉之实罢了。他生平行事，自聪明人看起来，几乎无一处不是鲁拙，即看他的行事成绩，或者也要以为平淡无奇吧。然而我以为他最大的成功，最足以为吾人效法者，便在这鲁拙与平淡无奇。这鲁拙与平淡的态度，就是"诚"字的表现。

其次便是"勤"字。上面所说的"诚"字，是他一切行事的总纲，此处所说的"勤"字，和下面还要说的"恒"字与"耐"字，都是达到"诚"字的方法。假如仅仅立一个"诚"字做目标，而不能日日用力向此目标做去，这不但是空言无补，并且自欺欺人，根本就不能叫作"诚"。他立了这种种方法，无非要求达到成己成人——"诚"的地步。他认定做学问最重要的便是要自强不息，不能自强不息，便要苟且偷安，日趋于懒惰。他说："百种弊病，皆从懒生，懒则弛缓，弛缓则治人不严，而趣功不敏，一处懈，则百处懈矣。"又说："天下事未有不从艰苦中得来，而可久可大者也。"他认定这个目标，所以他是无一事不勤，无一时不勤，他几乎认为"勤"字是成人的一个秘诀，所以说："家勤则兴，人勤则健，能勤能俭，永不贫贱。"他自己是终日不敢有一息偷安，治家教子，也是处处以"勤"字为训，对将士则曰："治军之道，以勤为先，勤则胜，惰则败，惰者暮气也。"劝诫州县官委员的，亦时时以习劳勤俭为主，即批答各处奏牍，亦以"勤"字为中心。他说："勤就可以生明。"这真是他深于体会，才有这个认识。大概天下一切罪恶，都由闲暇时间造成的，闲暇时期多了，就会想法子去做那些无聊的事，日久不但自己习惯弄坏了，聪明智慧汨没了，一切坏事都会由此而生。假如终日勤劳不息，原来不会做的事，都渐渐地会了，日久不但事体是精熟了，并且智慧也好像聪明了许多，所以无论何人，所做何事，只要能终日勤勤恳恳地埋头去干，其成绩必甚可观。掉转过来，这一个人总是时时闲暇着，就可决定这个人的前途，是没有多大希望的。曾氏在公务之余，还要每日读书、习字、做诗文、下棋，我们可想见他勤的程度了。

再其次便是"恒"字。"恒"是辅助"勤"字使不间断的一种力量，因为"勤"固然很要紧，假如没有一个"恒"字，则"勤"的效力，或者也甚微细。一时兴奋起来了，甚至废寝忘食，勤劳过度，这个兴头过去了，则又松懈如故，那就合上孟子说的"一日曝之，十日寒之"了。所以"有恒"二字，实为学者万不可少。道光二十四年，他与诸弟的信中有一段说：

> 学问之道无穷，而总以有恒为主。兄往年极无恒，近年略好，而犹未纯熟，自七月初一日起，至今则一无间断，每日临帖百字，抄书百字，看书少亦须满二十页，多则不论。自七月起至今（按此信是十一月二十一日写的），已看过《王荆公文集》百卷、《归震川文集》

四十卷、《诗经大全》二十卷、《后汉书》百卷，皆朱笔
加圈批，虽极忙亦须了本日功课，不以昨日耽搁而今日
补做，不以明日有事而今日预做。……切勿以家中有
事，而即间断看书之课，又勿以考试将近，间断看书之
课，虽走路之日，到店亦可看书，考试之日，出场亦可
看书也。

此一段看到他守恒的精神与事实，为的是要使他诸弟明了
"恒"字的重要。盖"恒"的价值，不因事体大小而分高低，有
时愈是小事，愈能显其价值的高贵。譬如起早，并不能算是难
事，也不能算是大事，但是终身行之而不间断，这守恒的毅力便
很可观了。曾氏日常生活之中，最可表现有恒的精神。譬如早
起、日记、每日读书、习字、下棋、饭后千步、临睡洗足，都是
守之终身，未尝稍变。此等处都是平常人认为小节，正惟其小
节，越是不可轻忽。把这种习惯养成了之后，则小节尚不轻忽，
大事自然格外谨慎，并且这种习惯养成了之后，生活才能纪律
化。青年往往习于自由生活、浪漫生活，于是生活无纪律、行动
无纪律，实在是不好的习惯，这种习惯根本不适于现代，吾人不
可不多多注意。

最后要说的是一个"耐"字。"耐"如忍耐、耐劳、耐苦之
耐，有坚忍不移之意。这个字是他教人守恒的一个方法。大概在
日常生活中，守恒固难，而遇到困难的阻挠，则守恒尤为不易。

常人总是一遇困难事体，便中止了，他教人一个"耐"字诀，就可以免了这种现象。他说："读书有一耐字诀：一句不通，不看下句；今日不通，明日再读；今年不精，明年再读。此所谓耐也。"这是他对"耐"字的解说，在他家训中有一段是给纪鸿的信，教他习字的方法，亦正是发明"耐"字的意义：

> 以后每日习柳字百个……数月之后，手愈拙，字愈丑，意兴愈低，所谓困也。困时切莫间断，熬过此关，便可少进；再进再困，再熬再奋，自有亨通精进之日。不特习字，凡事皆有极困难之时，打得通时，便是好汉。

这一段中所说的"熬"字，我以为就是"耐"字的作用。能多耐过几次难关，学问便有几次的进步。在这种极困难的时候，还要能持之以恒，不改常度，当然不是容易的事，所以他把"耐"字，改成"熬"字，还要加上奋的力量，就可知道这个关头确不容易过去。若没有坚忍的耐心，恐怕就要被困难阻挠住了，而且这个困难，还不止一次，虽然熬过一次，便有少许进步，但是方见进步，却又有第二次的困难。定要经过若干次的熬，若干次的奋，然后才达亨通精进的境界。这若干次的困进，就不是一般浮躁人所能打得过了，所以他说："打得通时，便是好汉。"

以上所举这四个抽象的字,自然是近于老生常谈,但曾氏华生精力却大部分贯注在这四个字上,欲学曾氏,则先从此四字着手,至少是与青年身心有很大的裨益。